# 國外流域管理
## 典型案例研究

羅志高、劉勇、蒲瑩暉
岳宜陽、萬幸、鐵燕　等/編著

財經錢線

# 序 FOREWORD

　　河流是人類文明發展的基石。它們或是靜謐，或是洶湧，或是高歌，或是低語，在平原上徜徉、在山谷中蜿蜒，折射的不僅是大自然的瑰麗，更是人類絢爛的文明篇章。在這大大小小流域中生活的人們，伴河流而生、伴河流而長，代代生存繁衍，在歷史上留下自我的印記。如今，河流承載的夢還在流淌，它關乎自然生態，關乎人類命運，關乎經濟、文化、社會發展的方方面面。

　　流域是人類文明的發祥地。古埃文明起源於尼羅河流域，古巴比倫文明起源於幼發拉底河與底格里斯河，古印度文明起源於印度河與恒河，而中華文明則是起源於黃河和長江流域。之所以四大文明起源於大河流域，是因為流域提供了人類生存繁衍最基本的肥沃衝積平原和有利的灌溉條件，在人類發展之初極大地促進了農業發展，創造出了偉大而古老的各國文明。

　　世界範圍內，承載人類夢想的十大河流有：尼羅河、亞馬遜河、長江、密西西比河、黃河、額畢-額爾齊斯河、瀾滄江-湄公河、剛果河、黑龍江、勒拿河和萊茵河。在這十大河流中，亞洲有五條，非洲、美洲各兩條，歐洲一條。這些河流灌溉了流域地區的土地，滋養了當地的人民，同時孕育了今天的

地球文明。例如，尼羅河位於非洲東北部，發源於赤道南部東非高原上的布隆迪高地，干流流經布隆迪、盧旺達、坦桑尼亞、烏干達、蘇丹和埃及等國，最後注入地中海，全長6,670千米，流域面積約287萬平方千米，占非洲大陸面積的1/9，是公認的世界第一大河，世界著名的古埃及文明便誕生在此。至今，埃及仍有96%的人口和絕大部分工農業生產集中在沿河兩岸。中國的長江全長6,300千米，流域面積180.7萬平方千米，長江上游三峽工程是世界第一大水利水電工程。從歷史角度看，長江流域孕育了以巴蜀文化、楚文化、吳越文化為主的長江流域文化，也包含滇文化、黔文化、贛文化、閩文化、淮南文化、嶺南文化等亞文化。

　　流域對人類的重要性不言而喻，其伴隨人類發展歷程可分為三個階段。

　　第一階段為農業文明（也稱為黃色文明）發展階段。期間，流域的利用主要是為了滿足農業社會的生產需求，用水集中在農業灌溉、家庭用水及交通運輸等方面，人們對流域資源的利用不多，此時水供給遠遠大於水需求。在這一階段，流域是人們賴以生存的家園，哺育了流域文明的河流被人們親切地稱為母親河，黃河流域的早期發展便是其中的一個縮影。

　　第二階段為工業文明（也稱為黑色文明）發展階段。工業革命極大地促進了生產力的發展，傳統的農業社會逐漸被工業社會所取代，人們的目光開始聚焦於流域水利資源的充分利用。為了滿足工業發展對能源的需求以及迅速增長的城市人口需求，流域不得不過度承載。水運物流、大型水利水電大壩和臨港工業生產建設成為河流的重要使命，這是該時期流域開發的顯著特徵。與此同時，「水可載舟，亦可覆舟」，一系列流域環境生態問題日漸凸顯。工業建設和城市發展對流域資源提出了巨大挑戰，水供給難以滿足用水需求，用水缺口不斷擴大；流域生態功能急遽下降，污染頻發，人與流域的矛盾突出，流域發展遭遇瓶頸和挑戰。

第三階段為20世紀中後期的流域治理的現代文明（也稱為綠色文明或生態文明）發展階段。面對流域過度開發導致的重重危機，人們開始反思、重新定位人類與流域的關係。人們意識到，一味索取、忽略生態平衡的開發模式顯然不可取，無視自然規律的過度開發不僅會阻礙流域經濟的常態運行，甚至會給整個流域的健康發展帶來毀滅性的災難。至此，流域開發路徑開始轉向。如果說之前的流域開發側重人類的需求，此後的開發則更加關注流域的整體平衡與和諧發展，流域開始被當做人類和諧生態環境的一部分出現在人們的管治藍圖之中。以美國科羅拉多流域為例，在聯邦政府流域管理機構主導下，跨地區、跨部門的合作機制逐漸形成，水質和環保法案相繼通過，利益各方通力協作、積極參與到流域治理與可持續發展中來。

　　人類對流域的不合理或過度開發導致了流域文明發展受阻甚至流域文明消失。20世紀帷幕初揭之際，瑞典地理學家斯文·赫定在一片方圓10多萬平方千米的羅布泊荒漠發掘了消失近兩千年的古樓蘭城。遠在兩千多年前，塔里木河和孔雀河從西向東注入羅布泊湖，沿河兩岸水草豐美、田地肥沃、湖邊生長著大片胡楊林、鬱鬱蔥蔥，呈現出一派水鄉澤國之景象。古樓蘭城依水而生，成為古絲綢之路的咽喉要道，為中西文明交流的中轉站。但一夜間樓蘭文明似乎消失得無影無蹤，成為科學之謎。據科考分析，由於青藏高原快速隆升、全球氣候旱化、人類過度開發等原因致使羅布泊由南向北遷移，河流乾旱化逐步加劇了樓蘭文明的消亡，導致古樓蘭文明消失掩埋於黃沙之下。

本叢書涉獵面廣，信息量大，資料收集難度較大，書中在一些資料引用、借鑑、參考不當的地方不免掛一漏萬，不妥和失誤甚至錯誤之處在所難免，敬請廣大讀者批評指正！更希望本領域的廣大讀者、學者、政府管理公務人員等對我們的工作提出批評和改進意見，希望更多的同行一起來關注中國流域乃至世界各國流域的可持續發展。

文傳浩

# 目錄 CONTENTS

第一章　流域管理理論的變遷與發展趨勢　　　　1
　1. 流域管理理論的歷史變遷　　　　　　　　　2
　　1.1　初步發展時期——以利益獲取為核心的
　　　　 管理理念　　　　　　　　　　　　　　3
　　1.2　形成時期——以合理開發利用為核心的
　　　　 管理理論　　　　　　　　　　　　　　4
　　1.3　完善時期——以可持續發展為基礎的
　　　　 利益共同體管理理念　　　　　　　　　5
　2. 流域管理理論的發展趨勢　　　　　　　　　6
　　2.1　跨學科流域管理理論基礎的出現　　　　6
　　2.2　生態化管理理念的應用　　　　　　　　8
　　2.3　公眾參與理論的介入　　　　　　　　　9

第二章　美國科羅拉多流域案例研究　　　　　　11
　1. 河流概況　　　　　　　　　　　　　　　　12
　2. 開發歷史　　　　　　　　　　　　　　　　13
　　2.1　水資源開發和管理機構——墾務局　　　13
　　2.2　水資源分配協議　　　　　　　　　　　14
　　2.3　水電開發項目　　　　　　　　　　　　16

2.4　重要調水工程　　　　　　　　　　　　　　　　20
3. 流域現狀　　　　　　　　　　　　　　　　　　　　　23
　　3.1　水資源供需矛盾　　　　　　　　　　　　　　　23
　　3.2　環境惡化　　　　　　　　　　　　　　　　　　24
4. 科羅拉多流域管理機制和措施　　　　　　　　　　　　26
　　4.1　聯邦水質和環保法案　　　　　　　　　　　　　26
　　4.2　聯邦政府主導的河流恢復及節水項目　　　　　　27
　　4.3　跨州項目與合作協議　　　　　　　　　　　　　31
　　4.4　地區水資源保護工作——以科羅拉多州為例　　　37
　　4.5　民間參與　　　　　　　　　　　　　　　　　　41
5. 經驗教訓　　　　　　　　　　　　　　　　　　　　　41

## 第三章　特拉華河流域管理案例　　　　　　　　　　　43
1. 特拉華河流域簡介　　　　　　　　　　　　　　　　　44
　　1.1　基本情況　　　　　　　　　　　　　　　　　　44
　　1.2　人口特徵　　　　　　　　　　　　　　　　　　45
　　1.3　經濟特徵　　　　　　　　　　　　　　　　　　46
2. 特拉華河流域水環境變遷　　　　　　　　　　　　　　48
3. 特拉華河流域管理機制　　　　　　　　　　　　　　　49
　　3.1　特拉華河流域管理機制　　　　　　　　　　　　50
　　3.1　管理機構　　　　　　　　　　　　　　　　　　51
　　3.2　委員會運行機制　　　　　　　　　　　　　　　54
4. 特拉華河流域主要管理規劃與法規　　　　　　　　　　56
　　4.1　全流域規劃概述　　　　　　　　　　　　　　　56
　　4.2　《綜合規劃》　　　　　　　　　　　　　　　　56
　　4.3　特拉華河流域水資源規劃　　　　　　　　　　　59
5. 特拉華河流域近年來的開發與管理　　　　　　　　　　67
　　5.1　2008年的開發與管理　　　　　　　　　　　　　67
　　5.2　2009年的開發與管理　　　　　　　　　　　　　68
　　5.3　2010年的開發與管理　　　　　　　　　　　　　69

5.4　2011 年的開發與管理　71
5.5　2012 年的開發與管理　74
5.6　2013 年的開發與管理　77
5.7　2014 年的開發與管理　78
6. 管理經驗總結　79
　6.1　專門的流域立法　79
　6.2　議會式的機構設置　80
　6.3　特拉華河流域管理委員會與其他相關機構間的管理機制　80
　6.4　廣泛的公眾參與　80

## 第四章　萊茵河流域管理案例　81
1. 萊茵河概況　82
2. 萊茵河的開發歷史　83
3. 環境變遷　84
　3.1　萊茵河水質污染　84
　3.2　水環境的惡化　85
　3.3　日益凸顯的洪水災害　86
　3.4　桑多茲公司污染事故　87
4. 萊茵河流域的主要管理舉措　91
　4.1　國際性的合作機制　91
　4.2　保護萊茵河國際委員會（ICPR）機構介紹　91
　4.3　萊茵河生態恢復第一步——「萊茵河行動計劃」　92
　4.4　萊茵河生態恢復第二步——「萊茵河 2020」　94
　4.5　萊茵河生態恢復第三步——歐盟水框架指令　95
　4.6　萊茵河水污染治理成果　97
5. 萊茵河治理經驗　98
　5.1　以下游國家為主導的國際協作機制　98
　5.2　環保基礎設施與技術建設　100

| | | |
|---|---|---|
| 5.3 | 法制建設 | 101 |
| 5.4 | 單一管理向綜合管理模式的轉變 | 102 |
| 5.5 | 先進的監測與預警手段 | 103 |
| 5.6 | 可持續發展目標 | 104 |
| 5.7 | 企業的主體地位及公眾意識的提高 | 106 |
| 5.8 | 突發事件的應對機制 | 109 |
| 6. 總結 | | 111 |

## 第五章 法國的流域管理案例研究    113

1. 法國的流域管理概況介紹    114
    1.1 法國行政概況介紹    114
    1.2 法國的流域管理概況    115
2. 里昂市的流域管理案例    117
    2.1 里昂市及該段流域基本概況    117
    2.2 里昂段流域管理開發的歷史及現狀    119
    2.3 流域環境的變遷    123
    2.4 里昂市流域管理措施    126
3. 羅納河口省（Bouche-du-Rhône）支流環境保護案例    128
    3.1 羅納河口省支流流域基本概況    128
    3.2 羅納河口省支流流域管理開發的歷史及現狀    129
    3.3 羅納河口省支流流域環境的變遷    135
    3.4 羅納河口省支流流域管理舉措    136
4. 經驗教訓    138
    4.1 法律保障    138
    4.2 多級流域管理機構體制    139
    4.3 民眾參與機制    142
    4.4 城市化進程與污染    142

## 第六章　美國除壩的案例研究　145

1. 美國除壩運動概況　146
   - 1.1　除壩運動概述　146
   - 1.2　美國除壩原因概述　147
2. 水壩拆除後生態恢復案例——以威斯康辛州（Wisconsin）為例　148
   - 2.1　河岸植被　148
   - 2.2　魚類　150
   - 2.3　大型無脊椎動物　152
   - 2.4　貝類　153
   - 2.5　養分動態　154
   - 2.6　管理啟示　156
3. 水壩拆除法規與管理規定——以新澤西州為例　157
   - 3.1　《水壩安全標準》　157
   - 3.2　淡水濕地保護法規　158
   - 3.3　洪水災害區域防洪法規　159
   - 3.4　高地水保護和規劃法規　160
   - 3.5　水壩拆除前後的監測指南　160
   - 3.6　可能導致的問題　161
   - 3.7　弗倫坎普（Fullenkamp）拆壩許可申請案例　161
4. 水壩拆除責任分解途徑——以克拉馬斯河（Klamath River）拆壩為例　163
   - 4.1　克拉馬斯河流域簡介　163
   - 4.2　克拉馬斯水電解決方案　165
   - 4.3　大型水壩拆除責任的確定及其成本　165
   - 4.4　不能量化的責任　166
   - 4.5　小結　168
5. 水壩拆除前後的數據調查與監測——以布朗斯維爾水壩（Brownsville Dam）拆除為例　169

|  |  |  |
|---|---|---|
| 5.1 | 水壩概況 | 169 |
| 5.2 | 拆壩前後的調查和數據收集 | 170 |
| 5.3 | 拆壩後預測和調查結果的基線評估 | 170 |
| 5.4 | 小結 | 175 |
| 6. 結語：正在興起的水壩拆除科學 |  | 176 |

**參考文獻**     177

# 第一章

# 流域管理理論的變遷與發展趨勢

水是地球上一切生命賴以生存、人類生活和生產活動不能缺少的基本物質，是重要的不可替代的自然資源。水資源安全關乎一個地區、國家的可持續發展能力。水資源問題非常複雜，流域是水資源的一個典型自然生態系統，水污染以及水生態系統的破壞會在流域範圍內顯現。保護水資源有許多途徑和方法，流域管理是一個水資源管理的子系統，是一種中觀控制。流域管理是水資源管理在流域尺度上的一國內部或多個國家間的具體應用。流域管理是國家對重要江河、湖泊以流域為單位，以水資源為核心的水事活動實行的統一管理，包括對水資源的開發、利用、治理、配置、節約、保護以及水土保持等活動的管理。通過對水資源的統一管理，加強江河、湖泊安全容納洪澇的能力，改善流域水環境，為流域內國民經濟和社會發展提供有效的水資源保障（江偉鈺、陳方林，2005）。綜觀國內外以及國際水資源管理的制度變遷，不難發現流域管理作為一種水資源保護的制度選擇的合理性和有效性。不妨以國際流域管理立法為進路，管窺流域管理理論的變遷與發展。

國際法上早有「一條河流一個制度」的法諺。國際流域的概念由國際河流、國際水道發展形成。1966年國際法協會通過的《國際河流利用規則》第二條規定，國際流域是指延伸到兩國或多國的地理區域，其分界由水系統的流域分界決定，包括該區域內流向同一終點的地表水和地下水。對流域管理的歷史可追溯至公元前，隨著政治、經濟、社會和文化的發展，經歷了一個長期探索、不斷完善、改革與爭鳴並存的過程，流域管理理論歷經萌芽、初步發展、形成和完善的變遷。

# 1. 流域管理理論的歷史變遷

公元前3100年，幼發拉底河流域的兩個部落烏瑪和拉格什為解決引水的矛盾，達成了分水協定，並挖掘了一條邊界渠

道分流幼發拉底河水（McCaffrey，2007）。這是國際意義上關於國際河流的最早協定。1648年前，國際河流的法律管制一直處於萌芽階段。自1648年始到19世紀50年代前，國際水法的發展使國際流域的管理得到了極大發展，這一階段以對河流開發利用的管制為主，尤其是航行功能的開發，這一時段簽訂的國際條約與規則莫不如是，國際流域管理制度也得到了最初的發展。而至20世紀70年代後的發展歷程中，國際社會對國際流域的關注從最開始的航行、灌溉、對水中資源的利用延伸至對河流水利資源的開發，同時多發的流域污染事件令國際社會紛紛認識到水污染問題的嚴重性，開始加大防治污染在國際水法方面的比重，以純粹利益為核心的理論基礎不再適應水資源管理的需求，國家間的國際合作更加緊密，這一階段流域管理理論處於形成時期。20世紀80年代後，可持續發展理念日益被認同，以可持續發展為基本思想的國際條約、規則大量出現，國際水法的理念邁入了一個新階段，流域管理理論日趨完善。尤其是生態系統的概念被引入流域管理，自20世紀90年代以來，流域綜合管理模式被廣泛地應用於包括中國在內的100多個國家和地區。21世紀以來，流域研究成為不少社會科學學科研究的前沿領域，作為學科發展規劃的重點。

## 1.1 初步發展時期——以利益獲取為核心的管理理念

流域作為地球淡水循環的重要部分，其作用十分廣泛是普遍共識，因此早期國際社會對流域所持的態度可謂互不相讓，各取所需。早期興起的絕對領土主權理論與絕對領土完整理論更是將這種態度發揮到極致。絕對領土主權理論倡導流域國自由的利用和處置其境內水資源，不需顧忌他國利益，而絕對領土完整理論倡導流域內上游國對流域的開發利用需經下游國同意，則是另一個極端。著名國際法水法學者斯蒂芬·麥克弗曾評論說：「在本質上，這兩種學說都是目光短淺的，並且在法律上是『無法無天』的，它們忽略了其他國家對國際水道的

需要和依賴，否定了主權在賦予權利的同時還應承擔義務的原則。」（McCaffrey，2007）

工業革命的推進與經濟的發展使各國認識到國際貿易的重要性，基於自由航行的目的，這些過於強勢的理論是無法在國際社會中得到施展的，互不損害原則便是在這種狀況下妥協的產物，但這也僅是當時相關國家基於利益考慮做出的最大讓步。至1945年之前的較長時期內，各國關於國際流域的開發利用除了航行與各種水資源的獲取外更擴至水電的開發，但各國涉及國際流域也只能做到對界河、跨境河流互不妨害、互不損傷的地步，這並不是秉承善良的用意，而是相互間利益協調的結果。各國對國際流域管理的態度主要是顧及自國利益，相互制約主要靠國際公約與規則。

### 1.2 形成時期——以合理開發利用為核心的管理理論

各國經濟發展使國際聯繫日益緊密，國際合作加強，以往以純粹利益為理論基礎的行事方針不再被大多數國家所接受。有限主權理論作為絕對領土主權論與絕對領土完整論的折中受到了普遍歡迎，在當時各個國際水法文件中均有體現。由此延伸出公平合理利用原則，要求各國在流域使用上對各自的利益相互協調。流域國要公平合理地使用位於其境內的河流，同時不得對其他流域國造成重大損害。因此，各流域國在進行對流域的合作管理時，主張「任何國家都有權利用流過其境內的河流或界河」「一國不能修建工程以嚴重影響他國的使用」之類條款。這相較於以「不損害」為基礎的理論有所進步。公平、合理的利用要求各國不僅要對流域資源充分開發，也要重視對流域資源的保護，擔起應有的國際責任。流域污染作為工業發展、經濟繁榮的副產品進入各國視線。

1963年，萊茵河流域各國在瑞士首都伯爾尼簽署有關萊茵河國際委員會的框架性協議（伯爾尼公約），目的是為了防止污染。1966年8月國際法協會第五十二次大會通過的《國

際河流水利用的赫爾辛基規則》，是國際河流領域一個最有影響的法律文件，對各國的水立法和國際法規起到了一定的先導作用，設專章規定污染防止問題。雖然當時對水污染的改善僅處於「防止」階段，所設立的水資源管理的國際機構尚起不到治理污染的作用，但較以往只利用不保護的局面有所改善。總而言之，這一時期國際流域的管理以合理、公平的開發利用為核心，不僅重視利用，也開始重視保護。

## 1.3　完善時期——以可持續發展為基礎的利益共同體管理理念

從20世紀70年代以來保護與發展並重的思想逐漸成為國際社會的共識。1987年《我們共同的未來》報告提出可持續發展理念，國際社會對可持續發展理念的認同和認可改變了此前流域管理理念注重利用性的局面。

以可持續發展理念為指導思想建立的流域管理體制，重污染治理，重預警機制，重合理開發利用，較之以往的流域治理理念上升了一個層級，更加優化。可持續發展要求公平性、可持續性、共同性。此後，基於可持續發展衍伸出的「利益共同體」論，以水道系統的整體性為出發點，引導流域各國通過設立聯合機構，公平合理地分水、用水、護水和治水，要求各國重視對於整個流域的共同利益，流域國相互尊重各自必需的利益，對於自身所管轄的流域區域的權利並不是絕對的，要求淡化主權，以合理地限制讓渡部分國家主權，以便建立流域國家的政治經濟共同體，從而實現跨國水資源的合作。二者可謂一脈相承，目的相符。這一時期關鍵的國際水法文件，從1992年的《跨境水道和國際湖泊保護及使用公約》到2004年的《關於水資源法的柏林規則》，無不把可持續發展當做原則或基本理念納入其中，雖並無在文本中提出「利益共同體」概念，但在文件中的國際合作制度中涵括了利益共同體理念的精神。

## 2. 流域管理理論的發展趨勢

人類對水資源的管理，經歷了供給管理、技術性節水管理和結構性節水管理階段，正向著社會化管理的方向轉變（徐中民、龍愛華，2004）。21世紀的流域管理體制趨於完善，但仍然在不斷地發展中。國外的水資源開發與保護也都以流域為自然單元，經歷了從單向度的區域性治理到流域綜合管理的變遷路徑。尤其流域綜合管理的提倡使流域管理的立法理論基礎涉及生態學、管理學、經濟學甚至哲學和社會學等相關的理論，其中生態化可持續保護理念、公眾參與理念等在國際流域管理中的作用也得更重視。

### 2.1 跨學科流域管理理論基礎的出現

國際流域的管理任務量大，涉及問題複雜，因此在理論研究和制度設計上需要借鑑一些流域管理發達的國家的管理理念。而作為流域管理的理論基礎，公共利益理論、公平正義理論、公共物品理論這些跨學科理論也成為論證國際流域管理合理性的支點。

#### 2.1.1 公共利益理論

英國著名法學家邊沁認為，「公共利益是組成共同體的若干成員的利益總和。」「共同體是個虛構體，由那些被認為可以說構成其成員的個人組成」（邊沁，2005）。美國的博登海默認為，公共利益「意味著在分配和行使個人權利時決不可以超越的外部界限」（E. 博登海默，1998）。所謂流域就是公共利益中公共環境的典型。流域具有公共利益抽象性、第一位性和共享性的表徵。人類社會對於自然的改造使人們滋生盲目自信心理，對自然的敬畏之心隨著科技的發展漸行漸遠。更有一些流域機構對流域的超負荷利用，使流域生態系統和生態環

境嚴重倒退，公共利益無法得到保障。因此，為了使政府決策不違背絕大多數人的利益，使流域的公共利益不至於淪為權力濫用的犧牲品，唯有把流域公共利益作為流域管理的出發點和落腳點。

### 2.1.2 公平正義理論

「環境正義」的概念在「公平正義」理念的基礎上產生，誕生於20世紀80年代的美國「環境正義」運動。時任美國總統克林頓於1994年簽發了「環境正義執行令」，將環境正義發展到一個新的階段。所謂環境正義，是指人類社會在處理環境保護問題時，各群體、區域、族群、民族國家之間所應承諾的權利與義務的公平對待。傳統環境保護運動的範式是將自然視為遠離人類的荒野，將環境視為受到污染威脅的物理媒介；而環境正義運動及其所蘊涵的環境正義思想的價值在於它提出了一種新的理論之維，將階層、種族、性別等方面的意識注入環境分析、研究、救濟及資源分配的人類活動之中，從而為環境保護運動提供了一種新的理論範式（Boyce and Shelley，2003）。

在流域管理的情境下，環境正義也有重要的指導意義。從內部關係上講，在流域中不同利益主體由於所處位置不同會造成某種起點上的不公平。若處於優勢地位方一味濫用優勢，造成劣勢方的損失，實質是損害了整體的利益。流域綜合管理可以最大限度地抑制不公，使流域的利益和負擔在不同利益群體中合理分配，達到環境正義。從外部關係上講，對流域資源的開發利用本身就充斥著整個利益衡量的過程。以環境正義為理念核心的流域綜合管理可以恰當地處理局部利益與整體利益、短期利益與長期利益之間的關係，使各個利益方達到平衡。

### 2.1.3 公共物品理論

公共物品是人類共同擁有、使用、獲益的一種財產，環境即為其中一種。環境作為一種公共物品就具有公共物品的屬性，而流域環境資源更是一個典型的公共物品。由於向整個流域內的所有相關利益方提供利益，極易造成「公地悲劇」。究

其原因，主要有個別國家政府部門謀求局部的、短期的利益。國際流域流經範圍廣，涉及國家多，流域內的水資源由於其天然的流動性，必然在各國之間成為爭奪焦點。上游地區擁有絕對的資源優勢。下游地區一方面迫切需要上游帶來的有用資源，另一方面又對上游帶來的污染充滿無奈。這樣的矛盾交織必然在上下游之間形成微妙複雜的關係，若沒有好的引導機制會造成上下游的關係惡化，甚至惡意爭奪流域資源，影響共同發展。另外，若沒有共同的流域管理部門，勢必使各國責任模糊，義務不分明，影響流域的正常開發利用。

## 2.2 生態化管理理念的應用

可持續發展理論從縱向方面研究流域的存續問題，以流域資源世世代代可持續利用為目的。如果說可持續發展是一種結果，那麼生態化的管理理念便是達到這一結果的手段。可持續發展所要求的可持續性、公平性、共同性同時也是生態化理念的要求，然而生態化的管理理念更關注生態系統平衡，以生態整體主義理論為視角來達到可持續發展。生態系統平衡即流域內自然資源同社會經濟環境間的平衡，要求做到流域內水資源、生物資源等其他流域內相關自然資源的協調發展，保護生態多樣性，做好生態修復及維護工程；做到依靠流域經濟發展的綠色化，低消耗高效率的發展；做到流域周邊的社會文明建設、生活質量改善、人口素質的提高；達到流域相關環境、經濟、社會的一體化改善。生態整體主義理論強調要以生態系統和諧及整體利益為出發點來看待包括人類在內的萬物發展，「具有擴張能力的生物個體雖然推動著生態系統，但生態系統限制著生物個體的這種擴張行為；生態系統的所有成員都有著足夠的但是受到限制的生存空間。系統從更高的組織層面來限制有機體（即使各個物種的發展目標都是最大限度地佔有生存空間，直到被阻止為止）。系統的這種限制似乎比生物個體的擴張更值得稱讚」（羅爾斯頓，2000）。把整個流域生態系

統的利益而非人類自身的利益放在首位，使其相互協調，這是生態系統平衡的內在要求。把流域生態系統作為一個整體進行管理，保護流域生態完整性，形成有機的流域管理體制，達成可持續發展的目標，這是如今國際流域管理的發展方向。國際流域的管理體制已趨完整，保護性的管理方式也被眾多管理機構所運用，如何在此基礎上深化管理，使流域資源與環境可持續發展落在實處，就需要生態化管理理念的介入。

## 2.3　公眾參與理論的介入

在國際流域管理發展史的前期，公眾參與並不被重視。作為國家間交流合作的結果，國際流域管理的開始是建立在外交基礎上的，而公眾參與則多在一個國家內部被提及。並不是公眾參與在國際社會上不重要，而是在經濟、科學技術發展不充足的情況下，談及公眾參與並不十分現實。公眾參與主體主要包括企業團體、民間機構、行會組織、專家學者、居民用戶等，參與範圍包括對流域決策、流域工程的開發建設、相關主體的監督等，以達到各個利益主體的平衡。公眾參與也是跨境環境影響評價所必要的一種方式，本著互不損害原則與預防原則，國際流域管理也需要環境影響評價的支持。後期隨著條件的成熟，在流域管理機構組成方式上，流域委員會這樣的流域管理機構為協調流域內各利益方的關係提供了一個協商、議事的環境和場所，相關參與方可以在這樣的機制中表達自己的訴求，明確、協調各方面的責任，這是公眾參與的雛形。隨著流域管理各方利益的需求發展又出現了流域諮詢委員會這樣的機構，流域諮詢委員會專門負責信息的收集和各方意見的聽取，公眾參與有了一定的比重。在國際流域管理中納入公眾參與，有利於決策機制和實施機制更加符合流域實際情況，改善流域環境，保證流域周邊居民的生活質量。

# 第二章

# 美國科羅拉多流域案例研究

# 1. 河流概況

科羅拉多河（Colorado River）位於美國西南部和墨西哥西北部，河流全長約 1,450 英里（1 英里＝1.6093 千米。下同），流經美國七個州和墨西哥兩個州，是 3,000 萬美國居民和 600 萬墨西哥居民的重要水源，流域涵蓋了 20 多萬平方英里（Square-mile）的土地。科羅拉多河發源於美國的落基山脈（Rocky Mountains）中部，向西南流經科羅拉多高原、大峽谷（Grand Canyon）地帶，經亞利桑那（Arizona）－內華達（Nevada）交界處的密德湖（Lake Mead）後，向南進入墨西哥境內，最後注入加利福尼亞灣（Gulf of California）。

科羅拉多河的主要支流有：由懷俄明州（Wyoming）流出的格林河（Green River），從科羅拉多州（Colorado）西部流出的揚帕河（Yampa River）、懷特河（White River）和甘尼森河（Gunnison River），以及自新墨西哥州（New Mexico）西北部流出的聖胡安河（SanJuan River）。這些支流合計帶來了科羅拉多河 90％的年流量。

科羅拉多河上游受海拔和地形的影響，氣溫變化較大，由於落基山脈地區降水較多，加之冰雪融水補給，水資源較為豐富。而科羅拉多河中下游地區屬於乾旱、半乾旱氣候，年均降水不多，加之蒸發、滲透、灌溉消耗了大量水資源，流量逐漸減少。每年春末夏初，水量激增、洪水泛濫，而秋冬之際河道乾涸。

單從年均流量來看，科羅拉多河在美國的排位並不靠前，年均流量僅為 1,400 萬 $m^3/s$ 左右。但科羅拉多河地理位置特殊，它流經美國西南乾旱地帶，為當地的發展提供了難得的寶貴資源，成為當地經濟、社會的生命線。科羅拉多河灌溉了美國 15％的農田、保障了全國 13％的畜牧養殖業，其中帝國谷

（Imperial Valley）更是為全國提供了 80% 的冬季蔬菜。根據美國內政部墾務局（Reclamation Service，後更名 United States Bureau of Reclamation）（2009）統計，它每年向兩百多萬家庭提供超過 95 億千瓦時的電力，這能為聯邦政府帶來 1.4 億美元的收入。這條河流還是當地旅遊產業發展的重要資源，提供了大約 80 萬個崗位。

## 2. 開發歷史

### 2.1 水資源開發和管理機構——墾務局

1902 年，為促進西部各州水資源的開發管理、方便當地居民灌溉和生活用水，美國成立了聯邦機構墾務局。20 世紀 20 年代中期，墾務局十分重視灌溉、防洪、水力發電以及市政供水的發展。如大衛·P.比靈頓（David P. Billington）等人所言（2005），墾務局的眼光並不局限於建設孤立的水壩和單一的供水體系，而是「致力於規劃並實施整個流域的水利開發」。

需要注意的是，墾務局支持的相關水利工程之所以能順利開展，並非僅得益於其會議室中的藍圖，而在於美國長久以來的憲政傳統——「聯邦政府對通航水域擁有憲法賦予的特殊權威」。這一傳統可追溯至美國最高法院 1824 年的基邦斯訴奧格登案件（Gibbon v. Ogden）。在該案件中，最高法院明確了聯邦國會擁有管理州際貿易的專屬權力，理清了聯邦政府與各州的管理權限，切實肯定了聯邦政府在州際管理中的權威。聯邦政府開始承擔起更廣泛的經濟和社會責任，這其中也涵蓋了隸屬於美國內政部的墾務局所主導的一系列水資源利用項目。

該機構在美國西部 17 個州的水壩、發電站、運河建設中享譽盛名。迄今為止，墾務局建造了 600 多座水壩、水庫，其

中不乏知名水壩，如科羅拉多河上的胡佛大壩（Hoover Dam）、哥倫比亞河上的大古力水壩（Grand Coulee Dam）。

近年來，隨著水資源供需矛盾日益突出，加之公眾對環境問題的關注，墾務局在流域管理中的角色定位也有所轉變。如今，墾務局（2014）旨在「幫助滿足西部不斷增長的用水需求的同時，保護環境和水利項目中的公眾投資」，高度重視其「供水、節水、循環再用水的職責，注重與西部各州、客戶和土著部落發展夥伴關係，尋求途徑使有限的水資源為各方所用」。

## 2.2　水資源分配協議

### 2.2.1　科羅拉多河協議

科羅拉多河流經美國西南部七個州，以利費里（Lee's Ferry）為界分為上游和下游，其中懷俄明州、科羅拉多州、猶他州和新墨西哥州位於上游地帶，內華達州、亞利桑那州、加利福尼亞州位於下游地帶。20世紀20年代初，科羅拉多河除了少量水被帝國谷等地區用於農業灌溉外，大多數未被開發使用、用水權並不明晰。各州都想從科羅拉多河水資源的開發利用中獲益，這就需要西南各州齊聚一室，共同探討取水權的分配事宜。

1922年在聯邦政府主持下，七個州通過商討，艱難起草了科羅拉多河協議，對該流域用水按照上游和下游進行了分配。當時科羅拉多河年均流量大致在 1,800 萬 $m^3/s$，其中除 200 萬 $m^3/s$ 水量預留給墨西哥外，該協議將科羅拉多河的剩餘水量平均分配給上游和下游，同時加利福尼亞州將年用水量控制在 460 萬 $m^3/s$，但對各州的用水量沒有做出規定。1929年3月，這份協議才正式通過。不過，這份協議中並沒有提及科羅拉多河的水質問題，這也為後續立法和水資源管理埋下了隱患。

### 2.2.2 《美國—墨西哥水條約》

1944年美國與墨西哥簽訂了《美國—墨西哥水條約》(以下簡稱《條約》)。根據條約第十條，墨西哥每年可從科羅拉多河中獲取150萬 m³/s 的水量。《條約》第十條對科羅拉多河水利用範圍列出了先後順序：家庭和市政用水排在首位，其次是農業和畜牧業用水，電力用水、其他工業用水緊隨其後，之後是通航、捕魚和狩獵用水，此外是國際邊界和水資源委員會（IBWC）所規定的其他實益用途；《條約》第三條還規定兩國應對共享水域的水清潔問題給予特別關注。作為美墨兩國共同組建的國際機構，國際邊界和水資源委員會要確保雙方政府在該條約下權責分明、履行水條約內容，並力圖解決雙方在科羅拉多河水利用中產生的爭端。

### 2.2.3 《科羅拉多流域上游協議》

1948年，科羅拉多州、懷俄明州、猶他州、新墨西哥州和亞利桑那州簽署了《科羅拉多流域上游協議》，將該流域上游區域的消耗性用水按比例分配給各州。《科羅拉多流域上游協議》第三條規定，亞利桑那州每年消耗性用水的配額是5萬 m³/s；按照1922年科羅拉多河協議分配給上游的用水定額，科羅拉多州、新墨西哥州、猶他州、懷俄明州消耗性用水占比分別為51.75%、11.25%、23%和14%。科羅拉多流域上游協議還宣告成立跨州的行政機關——科羅拉多河上游委員會（Upper Colorado River Commission），調查研究科羅拉多河上游流域水文狀況，記錄簽署協議的各州每年用水量，根據實際情況估算各州削減的配額水量，遇特殊災害導致上游供水不足及時上報，與上游各州共享流域信息，保障整個流域供水系統的正常化。

### 2.2.4 亞利桑那州和加利福尼亞州的水權爭端

1963年，美國高等法院對亞利桑那州和加利福尼亞州的水權爭端進行裁定，再一次明確了科羅拉多下游流域的水量分配。在正常年份，加利福尼亞州取水量為440萬 m³/s，內華

達州取水量為 30 萬 m³/s，其餘為亞利桑那州所得；在豐水年份，上述三州從科羅拉多河中的取水份額分別占 50%、4% 和 46%；在枯水年份，則需由內政部長判定各州可獲取的水量，並且限定加利福尼亞年用水量不得超過 440 萬 m³/s。

通過一系列水資源分配協議，美國與墨西哥之間、美國境內上下游之間、各州之間對科羅拉多河流的水資源進行了分配，某種程度上明晰了各方用水份額，暫時緩解了用水衝突。

根據美國西部水法的規定，科羅拉多河流遵循優先占用原則（Prior Appropriation Doctrine），即「先用水者享有優先水權」，同時「用水則有水權，反之則失水權」。這種傳統表述未能很好區分「實益用途」和「消耗用途」的差別，使得人們錯誤認為河中未被利用的水即是浪費的水，並不利於水的高效利用。各州對實益用途都有不同的解釋，制定的水管理標準也不一致。加上近年來干旱頻發、水資源匱乏，實施原有的水資源分配協議時出現了不同程度的困難，未來的水資源分配可能還會面臨新的挑戰。

## 2.3 水電開發項目

### 2.3.1 胡佛大壩

1902 年，西奧多·羅斯福總統（Theodore Roosevelt）簽署了《拓殖法案》（National Reclamation Act），允許在美國西部以農墾為目的修建水壩。20 世紀 20 年代美國西部陸續出現了由聯邦政府或私人出資贊助的水利工程，主要用於農業發展、水力發電或市政供水。1920 年聯邦電力委員會（Federal Power Commission）成立，凸顯了聯邦政府在流域經濟發展和自然資源開發中的角色。與此同時，全美範圍內也引發了關於水力資源調控的辯論，選民更樂意見到「聯邦政府在私人電力公司的水電生產中發揮監管作用」。就是在這一時期，科羅拉多河上建起了第一座主要的蓄水大壩——胡佛大壩，實現了科羅拉多河流域資源的實際應用，大力推動了當地的經濟發展。

#### 2.3.1.1 建設背景

對科羅拉多河的開發利用，主要是從20世紀初期開始的。1901年，長達96.6千米的阿拉莫運河（Alamo Canal）建造起來，將科羅拉多河水引流至加利福尼亞的帝國谷，做灌溉之用；這段運河有80.5千米在墨西哥境內，堤壩崩潰時並不易於修繕。1905年，洪水突然湧入山谷，給人民生命財產帶來了巨大損失。不願再受洪水侵襲的下游居民，希望能在科羅拉多河流上修建一座長久的防洪工程。

在一戰結束前，帝國灌溉區域（Imperial Irrigation District）就曾向聯邦政府表示，計劃在美國境內開鑿一條全新的運河。1918年一戰結束後，帝國灌溉區域再次向聯邦政府尋求支持，提議在科羅拉多河下游河谷修建一座防洪蓄水大壩，抵擋洪水災害，避免河谷再次遭受1905—1907年的災難性水患；除抵禦洪災外，該水壩還可以增加下游的農業灌溉用水量，使帝國谷在內的廣大地區受益。這些提議後來得到了墾務局的支持。

1902年，時任墾務局副總工程師的戴維斯（Arthur Powell Davis），發起了如何利用科羅拉多河水資源的初步研究。墾務局建造了拉古納分水壩（Laguna Diversion Dam），方便了亞利桑那州尤馬（Yuma）地區的農業發展。1902—1919年，墾務局忙於修建西部地區的其他重大工程項目，對科羅拉多河的開發暫時擱置。一戰後，墾務局負責的重大項目基本竣工，開始考慮科羅拉多河下游蓄水壩的建設工作。

#### 2.3.1.2 佛耳—戴維斯報告

1915年，戴維斯被擢升為墾務局局長。他敏銳地意識到水壩建設在科羅拉多河開發利用當中的重要性。在帝國灌溉區域和戴維斯個人的雙重推動下，國會於1920年通過決議，批准墾務局開展關於建設全美灌溉系統（All-American Canal）和科羅拉多河蓄水壩的初步研究。這項決議實際上拉開了胡佛大壩規劃的序幕。

1922年，佛耳—戴維斯報告正式出抬。在該報告中，戴

維斯認為，蓄水壩的建設不單要考慮防洪蓄水，更要強調水力發電在工程建設中占據的重要地位，水壩竣工後可將生產的水電銷售出去，以補償建壩成本。這份提議因涉及聯邦政府在水電生產和銷售中的角色，引起了多方關注。20世紀20年代，私人資本控制著美國大部分電網，並不斷遊說各級政府以制定有利於自己的立法。由聯邦政府出資、用水電償還工程款的科羅拉多河大壩建設規劃，無疑挑戰了私人資本在電網領域的壟斷地位，提供了一種新的流域水電開發模式。從成本來看，水電銷售是建設巨型水壩唯一可行的方法。於是，私人電網利益集團的代表們提出，在科羅拉多河下游修建一座較小規模的防洪壩、降低建壩成本，由此限制政府在其中扮演的角色。但是較小規模的水壩僅能滿足防洪需求，無法最大限度地利用科羅拉多河的水利資源，遭到了墾務局工程師們的反對。為使聯邦政府建壩的立法能順利通過，博爾德大壩協會（Boulder Dam Association）等機構向民眾印發了系列宣傳資料，甚至洛杉磯水電局（Los Angeles Department of Water and Power）也督促民眾奔走相告，以獲得其他州民眾的支持。

最終，以戴維斯為代表的支持大力發展科羅拉多河資源的官員們，以及其他希冀通過建設水壩促進南加州經濟發展的人們，在這場爭論中獲得了勝利，並由戴維斯負責這個水壩設計和施工的基本規劃工作。

### 2.3.1.3 博爾德峽谷工程法案

1928年國會通過博爾德峽谷工程法案，並經由美國總統卡爾文·柯立芝簽署成為立法，授權建設這座巨大的拱形重力混凝土壩。一開始壩址選在科羅拉多河下游的博爾德峽谷（Boulder Canyon），後來又改為20英里之外的黑峽谷（Black Canyon）。這裡山谷狹窄、懸崖陡壁、蓄水量可觀，與水壩同時建造巨型水庫，能為加利福尼亞南部的農業以及市政提供用水和電力。水電成為整個工程項目中極為重要的一部分。與此同時，有兩點需要注意：一是胡佛大壩上的發電站由聯邦政府

建設、歸聯邦政府所有，但發電站的實際運行需托付給非聯邦單位；二是私人電網企業可以參與競標，購買生產的水電。

#### 2.3.1.4 水壩建設

包括猶他建築公司在內的幾家公司聯合組建「六公司」（Six Companies Inc.），為獲取修建胡佛大壩的合同參與競標，以較低報價取勝。1931年，在墾務局的監管下，「六公司」正式開始了興建水壩的工作，1935年水壩竣工。胡佛大壩橫跨科羅拉多河，位於大峽谷下游約150英里處，距離西邊內華達州的拉斯維加斯（Las Vegas）約25英里。這是科羅拉多河流上第一座巨型水壩，也是當時世界上最高的拱形壩。羅斯福總統本人參與了竣工儀式，讚譽胡佛大壩是「20世紀的奇跡」。

#### 2.3.1.5 博爾德峽谷工程法案和胡佛大壩的積極意義

博爾德峽谷工程法案的通過和胡佛大壩的興建，為科羅拉多河的後續開發留下了寶貴的財富：

水壩建設切實發揮了墾務局作為聯邦機構在科羅拉多河開發中發揮的主導作用，遏制了私人電網對巨型水壩的控制和壟斷，開闢了聯邦政府調研、決策，承包商參與競標，私人企業承建並運行水壩的路子。

科羅拉多河沿岸各州意識到了協商一致、通力合作、共享流域資源紅利的必要性，能夠通過協議或者法律手段協調州際之間的水資源利益矛盾，促進跨州流域的宏觀發展。

雖然亞利桑那州並不滿意博爾德峽谷工程法案和胡佛大壩工程，但根據美國憲法，科羅拉多河下游是可通航水域、屬於聯邦政府管理的州際貿易範圍，最高法院的判定明確了聯邦政府和各州在科羅拉多河流域開發中的權責。

### 2.3.2 1956年科羅拉多河蓄水工程法案（Colorado River Storage Project Act）及系列水利工程

科羅拉多河年徑流量並不穩定，大量盈餘的水資源在豐水年份無法儲存，而下游各州在枯水年份又無法得到足夠的水量。1922年科羅拉多河協議問世後，上下游各州之間對上游

河水的供給管理有了更深入的思考。為了有效管理科羅拉多河的水量，保障下游各州享有1922年科羅拉多河協議中規定的取水份額，緩解枯水年份的用水難題，科羅拉多河蓄水工程法案應運而生。

這項法案提倡在科羅拉多州的庫爾坎蒂（Curecanti）、懷俄明州的弗萊明峽谷（Flaming Gorge）、新墨西哥州的納瓦霍原住民部落區（Navajo）以及亞利桑那州的格蘭峽谷（Glen Canyon）四處地點修建相應的大壩、水庫和相關水利設施。除納瓦霍地區項目僅用於防洪外，其他三處的工程建設都把水力發電涵蓋在內。這一系列工程都位於科羅拉多河上游及其主要的支流中，蓄水總量可達3,400萬$m^3/s$左右，發電總量可達1,813兆瓦特。

其中，格蘭峽谷項目（Glen Canyon Unit）是整個工程中最重要的項目，包括格蘭峽谷大壩、鮑威爾湖（Lake Powell）和格蘭峽谷發電站的建設。鮑威爾湖蓄水容量可達2,700萬$m^3/s$，在整個蓄水工程中占據64%；而格蘭峽谷發電站可產生1,296兆瓦特水電，相當於該系列工程總發電量的3/4。

格蘭峽谷項目在水壩開工前，就引起了諸多爭議。近來有民間環保團體呼籲，排干鮑威爾湖湖水、恢復格蘭峽谷的自然風光。如今，格蘭峽谷項目是當地重要的旅遊資源，倡導恢復峽谷的提議並未得到採納，格蘭峽谷大壩依然在科羅拉多河蓄水工程中發揮著重要作用。

## 2.4 重要調水工程

### 2.4.1 中亞利桑那調水工程（Central Arizona Project）

1968年，國會通過了《科羅拉多流域工程法案》（Colorado River Basin Project Act），授權墾務局興建中亞利桑那調水工程。該法案還規定，聯邦政府內政部與非聯邦企業展開合作、簽署協議，前者從非聯邦企業營運的納瓦霍工程項目中獲取24.3%的電力；電力可以輸送至中亞利桑那調水工程服務

區域。

該項工程計劃把科羅拉多河水輸送到亞利桑那州中部和南部，緩解亞利桑那州的水資源匱乏問題，補給透支用水和城市的水資源儲備，避免地下水過量開採帶來的地面沉降等隱患，保障該地區未來經濟社會的可持續發展。

調水工程的建設始於 1973 年，計劃每年向馬里科帕 (Maricopa)、皮納爾縣 (Pinal) 和皮馬縣 (Pima) 輸送約 150 萬 $m^3/s$ 的水量，並且向菲尼克斯 (Phoenix) 和圖森 (Tucson) 在內的都市地區供水。工程起點為哈瓦蘇湖 (Lake Havasu)，工程終點為圖森西南部的印第安保留地。運輸主幹道全長 336 英里，由一系列抽水裝置、引水渠、隧道、輸水管道構成，於 1993 年完工。項目內的水壩新建和改建工作在 1994 年大體結束。所有非印第安地區的農業供水體系和大部分城市供水體系在 20 世紀 80 年代末期完成。部分原住民居住區的供水系統還在建設中，預計還需要 20 年才能完成。

這項水資源綜合開發管理項目，可以為亞利桑那州提供超過 140 萬 $m^3/s$ 的水量，為 70 萬英畝的非印第安農業灌溉區和約 13 萬英畝的印第安居住地提供水資源，為菲尼克斯都市群的 500 萬人輸送科羅拉多河水，並促進圖森的地下水補給。

2.4.2 科羅拉多河—大湯普遜河調水工程 (Colorado-Big Thompson Project)

科羅拉多河—大湯普遜河調水工程是一項聯邦政府主導的引水工程，旨在將科羅拉多上游水資源輸送到東部的芬茲山脈都市走廊 (Front Range)。

在科羅拉多州，80%的雨水都降落在落基山脈的西部斜坡帶上、水量豐富，但絕大多數人口居住在東部的平原地帶。為緩解科羅拉多州東部地區的干旱和用水問題，一項跨山調水的工程應運而生。與調水工程相關的項目勘察從 1933 年開始，1935 年墾務局獲得公共工程管理局 (Public Works Administration) 資金繼續進行工程調研，1937 年北科羅拉多水利區

（Northern Colorado Water Conservancy District）成立，1938年跨流域調水工程建設開工，1959年所有批准項目全部竣工。

這項工程由墾務局下設的科羅拉多東部地區辦公室（Eastern Colorado Area Office）負責，共包括10座水庫、18座堤壩、1條山底隧道和6座發電站。科羅拉多河—大湯普遜河調水工程建設的最初目的主要是為了滿足當地的農業灌溉需求，同時兼具市政供水、發電、娛樂等功能。但是，隨著近年來都市人口的增長和工業的發展，城市用水和工業用水已取代灌溉用水成為主要的用水主體。如今，這項調水工程每年從科羅拉多河上游取水26萬 $m^3/s$，輸送至東部的大湯普遜河，惠及科羅拉多州東北部的33個城鎮和7個郡，為72萬英畝土地提供補給水源，使83萬居民從中受益，6座發電站年均發電共計7.59億千瓦時。

2.4.3　全美灌溉系統（All-American Canal）

1928年，美國國會通過《博爾德峽谷工程法案》，授權建設全美灌溉系統。該工程於1934年開始建設，1940年第一次通水，是世界上最大的灌溉系統。

全美灌溉系統位於加利福尼亞州東南部，由帝國引水壩、沉沙池、全美灌溉干渠、科切拉（Coachella）灌溉干渠及一些附屬設施組成，將科羅拉多河水輸送至帝國河谷、科切拉河谷、加利福尼亞州和亞利桑那州的尤馬灌溉工程。灌溉渠道長達80英里，可灌溉63萬英畝的農田，每分鐘最多能提供26,155立方英尺的水量，極大地促進了帝國谷農業生產的發展。

全美灌溉系統由帝國灌溉區域、科切拉灌溉區域和尤馬灌溉區域三個相對獨立的灌溉區域構成。灌溉系統的管理按照法定合同，由帝國灌溉區域委員會、科切拉灌溉區域委員會和尤馬灌溉區域委員會依照分工獨立管理。其中，帝國灌溉區域負責全美灌溉系統的調度和維護工作，費用則由三個灌溉區域分攤。灌溉區域的水量分配按照水權依法管理，並輔以相應的協

調機制、協商解決。

## 3. 流域現狀

這條壯麗神奇的河流曾經肆意怒吼著，以憤怒的激流在美國荒原雕刻下生命的絢麗印記，讓人嘆為觀止。然而如今，它卻更像一條玉帶靜靜地流淌著，失去了人們記憶中的野性之美。

多年來，干涸、污染、管理不善等問題一直困擾著這條曾經生機勃勃的美麗河流。2013 年，美國河流協會（American Rivers）甚至把科羅拉多河列為美國十大瀕危河流之首。

### 3.1 水資源供需矛盾

科羅拉多河水資源的供需缺口不斷擴大，這可能是目前最嚴峻的問題。根據美國河流協會和西部資源倡導者（Western Resource Advocates）在 2014 年 7 月聯合發布的一份研究報告，到 2060 年，這個供需缺口預計會達到 380 萬 $m^3/s$，而 $1m^3/s$ 水量大概是兩三個美國家庭一年的用水量。這個供需缺口會影響 3,600 萬居民的飲水、農業灌溉、經濟發展，還會危及合計 264 億美元的戶外娛樂產業和 25 萬人的就業。

一方面，科羅拉多河流域內的人口急速增長。僅以亞利桑那州和科羅拉多州為例：美國國家研究委員會（National Research Council）（2007）指出，1990—2000 年，前者人口增長了 40%，後者人口增長了 30%。這無疑對農業、城市、工業用水提出了巨大的考驗和挑戰。需要注意的是，雖然農業用水總體偏多，但城市用水和工業用水以驚人的速度攀升，對科羅拉多河供水系統造成了巨大的壓力。

另一方面，由於氣候變化、全球升溫，河水蒸發加快，河流干涸也成為該流域發展面臨的極大挑戰。對科羅拉多河而

言，這種挑戰可能是致命的。美國墾務局表示：氣溫升高將導致科羅拉多河在未來50年間損失9%的流量，這會嚴重限制流域內各州可利用的水資源。過去的十多年間，科羅拉多河流域都處於干旱期。從2000年以來，這片區域的蓄水量減少了35%，成百上千英畝的農田枯竭。相比20世紀20年代，如今科羅拉多河三角洲的覆蓋面積還不及原來1/10，河流未至出海口便已干涸。利用科羅拉多河水資源發展起來的一系列戶外娛樂項目也遭受沉重打擊。索斯維克協會（Southwick Associates）（2012）表示，科羅拉多河休閒產業本來每年可以創造170億美元的零售業績；2012年科羅拉多河遭遇大旱，由於河水過淺，人們甚至無法在其中划槳或捕魚。

### 3.2　環境惡化

工程建設、氣候變化和外來物種入侵使科羅拉多流域環境不斷惡化，部分野生動植物瀕臨滅絕，其中有四種魚類被聯邦政府正式確認為瀕危魚類。

科羅拉多河上比比皆是的水壩和河流改道項目建設，方便了人們對水資源的分配和利用，卻給生存在這片流域上的野生動植物帶來了威脅。千百年來，它們一直依賴科羅拉多河流域特殊的水文環境。卡爾·W.弗萊薩（Karl W. Flessa）等人（2001）指出，過去這條奔湧的河流每年能為三角洲帶來1.6億公噸的沉積物，然而今天這個數字卻幾乎變為零。經馴服的科羅拉多河流喪失了原有的野性和美麗，豐富的沉積物和營養物質消失殆盡，野生動植物的棲息地岌岌可危。

在2014年發布的《美國十大瀕危河流》中，科羅拉多流域有兩條河流赫然在列，懷特河便是其中一條，這與美國內政部土地管理局（Bureau of Land Management）計劃在該片區域新建1.5萬個石油和天然氣鑽井有關。1997年，土地管理局就曾預測，未來的15~20年懷特河區域上會修建起1,100個石油和天然氣鑽井。2006年，油氣需求迅猛增長，土地管理局

又宣布計劃對《懷特河區域辦公室資源管理規劃》(White River Field Office's Resource Management Plan) 做出修改。2012年8月發布的《環境影響報告草案》(Draft Environmental Impact Statement) 提供了一系列石油和天然氣鑽井建設方案，其中一項優選方案傾向於建設1.5萬多口油氣鑽井。如果實現，這將成為科羅拉多流域史上最大的公共土地發展方案。

這種空前規模的油氣開採無疑有很多弊端：供水減少、水質污染、耕地退化、空氣污濁等。是急功近利、只顧向科羅拉多流域索取能源？還是以全局的、發展的眼光從整體上把握懷特河地區的油氣開發？土地管理局務必要在權衡各方利弊的基礎上，給出合理的發展規劃，在充分利用公共土地豐富資源的同時，保護流域的生態多樣化，勾勒可持續發展藍圖，切實履行機構的責任與使命。

美國西部從20世紀70年代起氣溫逐漸升高，其中科羅拉多流域的暖化現象尤其突出。不斷升高的年均氣溫，導致科羅拉多河年徑流峰值時段發生改變，高峰流量到來的時間不斷提前；與此同時，氣溫升高加速高山積雪蒸發，總體徑流量減少。在這片流域獨特的水文生態環境下生存的野生動植物群，由於其原有的栖息地、遷徙模式、食物結構都發生了改變，不得不在短時期內適應科羅拉多流域新的徑流模式。

外來物種入侵加劇了科羅拉多河本土瀕危物種的困境。流域內原有的魚類不僅要與外來魚類爭奪栖息地和食物來源，還可能被外來物種吞食。人們普遍認識到了入侵物種對流域的威脅以及消除這種威脅的迫切性。雖然在本土生物和外來物種生存優先的問題上，仍存在著一些倫理上的爭議，但是目前的立法仍傾向於清除流域內的外來物種，保護本土動植物的栖息環境和生存發展。

納塔利（Natalie）（2012）指出，影響科羅拉多河水質的污染物中，有三種不可忽視：高鹽分、沉積物、硒元素金屬。人類活動尤其是農業灌溉用水致使科羅拉多河中含鹽量過高；

在部分河段，河水所挾帶的沉積物遇水壩後積聚在水庫底端，減少了水庫蓄水容量，影響了水壩的工作效率；沉積物並不容易排入大海，相反還會積聚重金屬毒素，損害生態環境和公眾健康；同時，人類農耕、採礦、填埋垃圾的活動都會導致重金屬元素進入到河流中。這些都給科羅拉多流域的經濟、社會和生態帶來了不利影響。

此外，流域內各州對水資源的管理模式不同，用水矛盾錯綜複雜，舊有的水管理方式不健全、產生諸多弊端，並不能高效地解決當前水資源分配和使用問題。部分州還面臨資金不足等問題。

# 4. 科羅拉多流域管理機制和措施

20世紀70年代以後，科羅拉多流域的水資源愈發珍貴。人們在享用河流資源的同時，也意識到了珍惜用水、保護流域水文環境的必要性。科羅拉多河的水資源管理重點，逐漸由之前的水電開發轉向了環境保護。聯邦政府機構、流域內眾州、當地政府乃至民間非政府組織都積極參與到了流域的恢復和保護中來。

## 4.1 聯邦水質和環保法案

1961年流至墨西哥境內的科羅拉多河水鹽度超標、水質極差，難以使用。墨西哥向美國發起正式申訴，指控美國違反了美墨兩國在1944年簽訂的水協議，侵害了墨西哥的用水權利。之後兩國協議產生的《242號備忘錄》(Minute No. 242) 規定，美國有責任管控科羅拉多河中的鹽度含量，保障墨西哥享有合格的水質。

1965年《水質法案》(Water Quality Act) 出抬，率先開啓科羅拉多流域內水資源立法的篇章，把水質標準的概念引入該

流域的水污染控制中，要求流域內各州遵守一定數值的水質標準。

1972年《淨水法》（Clean Water Act）作為《聯邦水污染控制法》（Federal Water Pollution Control Act）的修正案通過，規定環境保護署（EPA）有權管控美國地表水的水質，並限制污染物的排放。

1973年科羅拉多流域鹽度控制論壇（Colorado River Basin Salinity Control Forum）成立，協助建立水質標準體系並制訂流域範圍內的執行計劃。

1974年《鹽度控制法案》（The Salinity Control Act）通過，授權建設一系列工程，包括亞利桑那州的尤馬脫鹽工廠和鹽度控制項目等，來降低河水鹽分。鹽度管理項目花費較高，但取得了不錯成效，且減少了河水鹽分過高而帶來的經濟損失。墾務局（2005）的相關資料顯示，目前已運行的項目控鹽1,072千噸，新的項目預計控鹽將達到728千噸。

1992年，國會通過了《大峽谷保護法案》（Grand Canyon Protection Act），要求內政部在管理水壩的同時注重維護生態環境，保護峽谷內的灘地和野生魚類。

## 4.2　聯邦政府主導的河流恢復及節水項目

### 4.2.1　「水資源智能利用」項目

全球變暖加劇了全美範圍內水資源的供給不足，為應對氣候變化和其他水資源難題、維護生態系統、促進經濟發展，內政部在2010年確立了「水資源智能利用」項目。內政部各局試圖與各州政府、印第安部落以及非政府組織一道，通過建立一個新的合作框架，在高效用水上發揮聯邦機構的領導角色和援助作用，利用水政策和能源政策支持自然資源的可持續利用，協調內政部各辦公室的水資源保護行動，以此尋求可持續的水供應途徑。

作為美國內政部主要的水資源管理機構，墾務局在「水

資源智能利用」項目中發揮了至關重要的作用。墾務局通過撥款管理工作，借助技術援助和專業科學知識，努力推進水資源保護、幫助水資源管理者做出明智決策。

值得一提的是，內政部在2011年3月出抬的《「水資源智能利用」戰略實施計劃》(DOI WaterSMART Strategic Implementation Plan) 中，特別將科羅拉多流域作為一個試點優先開展此項工作。

（1）項目將以協作的方式進行：科羅拉多河流域相關工作的研究、協商和合作離不開流域內各州、各印第安部落的支持，也離不開聯邦機構和各類組織的配合。墾務局將攜手魚類和野生生物管理局（FWS）在沙漠地帶和落基山脈南部建立兩座景觀保護合作社（LCC）；墾務局與美國國家公園管理局（NPS）聯合展開科羅拉多河流域研究；美國地質調查局（USGS）負責協調科羅拉多河流域內的「水資源智能利用」行動；美國國家公園管理局組建科羅拉多河指導委員會，以提高內部與外部的溝通協調工作；美國土地管理局專注於科羅拉多高原區域生態評估和鹽濃度控制項目。

（2）部分撥款用於發電用水和供水用電之間的關系評估；環境保護署（EPA）關於公有土地上的能源項目分析，將由美國土地管理局復審，確保最佳的管理實踐，把對水資源的不利影響降到最低。

（3）組建特定小組開展科羅拉多河流域的科學研究；明確科羅拉多河流域內水資源管理決策所需的區域信息；利用科學技術手段改善流域內自然資源和文化資源的管理，如物種恢復和娛樂項目管理等；將過去與現在的科研數據容納進同一個資源信息框架結構中；評估水庫淤積的影響。

（4）墾務局提供資金，促進水資源可持續發展戰略；採用循環再利用和成本效益高的措施。正確評估所需信息。

（5）向大眾傳播科學信息、開展合作研討會，實現科羅拉多河流域內的科學信息宣傳和共享工作。

（6）墾務局開展科羅拉多河流域研究，關注氣候變化影響水供給而帶來的風險和影響，探索氣候變化條件下的適應策略；魚類和野生生物管理局對國家魚類孵化場展開風險分析，找出可能危害瀕危水生物種的因素。

### 4.2.2　聯邦法令十六——廢水回收再利用項目

聯邦法令十六規定，墾務局有權開展水的循環再利用項目。墾區通過調研不斷尋求機會，在17個西部州和夏威夷回收再利用廢水、非人為原因污染的地下水和地表水。該項目由墾務局的地區辦事處與當地政府部門提供預算，在具體項目的基礎上為水資源回收利用項目的研究開展和建設規劃提供資金。自1992年以來，超過5.56億美元的聯邦成本分攤，再加上超過17億美元的非聯邦資金被用於設計和建設水循環項目。得益於這項法令，單在2011年就大約有26萬 $m^3/s$ 的水被回收再利用。

### 4.2.3　格蘭峽谷人造洪水

格蘭峽谷大壩坐落在利費里上游16.4英里處的格蘭峽谷，1963年開始運行，是一個多功能水利樞紐，壩高710英尺，水電站包括8個大馬力發電機，共產生約1,300兆瓦特電量。水壩建設形成的鮑威爾湖庫容約2,600多萬 $m^3/s$，是美國第二大水庫。

從格蘭峽谷大壩完工至今，爭議之聲都不絕於耳，人們圍繞建壩還是拆壩問題展開了激烈爭論。由於地處沙漠，水分容易蒸發滲漏，每年水庫大約流失86萬 $m^3/s$ 水資源，相當於科羅拉多河6%~8%的水量，對於身處干旱之地的沿岸居民和動植物而言，流失的水無疑是愈來愈寶貴的財富。同時，格蘭峽谷大壩中斷了科羅拉多河季節性洪水的衝刷，大量泥沙淤積在鮑威爾湖內，河岸邊的沙洲和灘地不斷退化，下游24千米處的大峽谷國家公園（Grand Canyon National Park）也遭受到影響。山岳協會（Sierra Club）和格蘭峽谷協會（Glen Canyon Institute）等環保組織提議排干鮑威爾湖、廢棄格蘭峽谷大壩，

重現壯麗的峽谷景觀、恢復河流原有生態、保護瀕危魚類。1997年美國參議院舉行聽證後決定不採取任何行動，國會方面指示墾務局照常營運水壩。作為格蘭峽谷大壩的管理者，墾務局之後主動開展了系列科學研究項目，期望通過優化水壩運行模式降低對河流生態方面的不利影響。

來自墾務局、地質調查局、魚類和野生生物管理局、亞利桑那漁獵部（Arizona Game and Fish Department）、其他聯邦、州政府機構和大學的研究人員，展開了格蘭峽谷大壩對科羅拉多河的影響研究，以便更好地瞭解建壩後的生態體系。從1996年起，墾務局按照「適應性管理」（Adaptive Management）思路來管理格蘭峽谷大壩。「適應性管理」旨在利用長期的研究和檢測數據反饋來調整水壩營運，在提供水源和電力的同時，保護下游的豐富資源。研究工作的關注重點是格蘭峽谷大壩的人造洪水實驗。在建造格蘭峽谷大壩以前，科羅拉多河水每年從12月中旬到次年3月逐漸增多，4月份和5月份流量猛增，繼而6月初達到徑流峰值。每年這種季節性的洪水都會把泥沙從河床搬運至河岸線，在河口形成沙洲。研究者們計劃利用人造洪水，使河床上的沉積物懸浮起來，與下游支流洪水帶來的泥沙一道，通過漫灘使其沉積在灘地，由此重新塑造河流兩岸的灘地形態，恢復河道的自然地貌和生態環境。

美國內政部分別在1996年、2004年、2008年以及2012年，在格蘭峽谷大壩進行了四次人造洪水試驗。

1996年3月，美國政府在科羅拉多河格蘭峽谷開展了第一次人造洪水試驗。這次試驗共耗時7天，每分鐘有1,270立方米的水量被釋放出來。洪水結束後，地質調查局發現，儘管泥沙在最初幾日同預想一樣很快沉積起來，卻在之後的洪流高峰中被衝刷侵蝕；而且人造洪水並不足以清除灘地上的外來魚類和入侵植被。這說明，在大壩正常工作的情況下，泥沙並不會在河道內長久淤積，上游帶來的沉積物在數周或數月內又會

被帶走。管理者們相信,試驗人造洪水的時機選擇,與上游涵蓄的水量無關,而與下游的泥沙量有關。

2004年,墾務局在格蘭峽谷大壩進行第二次人造洪水試驗。與之前不同,這一次地質調查局的科學家們首先確認了河流主幹道中具有足量的泥沙後,墾務局才打開水壩閥門,在泥沙被衝刷至下游前重建沙洲。為避免淤積的泥沙遭受強烈衝刷,這次人工釋放的水量只有之前的 1/3。距離格蘭峽谷大壩較近、泥沙豐富的下游河段,灘地面積有所擴大;而距離格蘭峽谷大壩較遠、泥沙不多的下游河段,沙洲重建的效果並不理想。

在 2008 年第三次試驗中,研究人員注意到,只有當水壩排洪量每分鐘小於 255 立方米時,人造洪水重建的沙洲才不會很快被侵蝕;但水壩通常營運發電的數值高於這個數據。

大峽谷控制研究中心負責人約翰·哈米爾說:「2006 年以來,河灘情況大為改觀。我們的最終目標是確定是否把人造洪水作為創造沙洲、保護當地魚類的可行方案。」

是人造洪水重建沙洲的速度快?還是水壩營運侵蝕灘地的速度快?在格蘭峽谷大壩建造並運行半個世紀之後,僅僅依靠「洪流實驗」(High-flow Experiments)能否改善退化的水文環境、重現野生動植物的美麗家園?這些答案都尚無定論。格蘭峽谷大壩今日依然屹立在科羅拉多河流之上,但人們心中的疑問還在,人造洪水的研究和相關試驗也不會終止。

## 4.3 跨州項目與合作協議

### 4.3.1 科羅拉多河下游水質合作夥伴關係(Lower Colorado River Water Quality Partnership)

近幾十年來內華達州、亞利桑那州、加利福尼亞州的快速發展,使科羅拉多下游的水質和水資源供給越來越成為人們的關注焦點。與美國東部地區和科羅拉多河上游不同,科羅拉多河下游地區支流不多、水量不足,水質問題更加嚴峻、難以處

理。雖然目前科羅拉多河水還能滿足適用的水質標準，但在氣候變化、干旱持續的背景下，水質保護依然任重道遠。

中亞利桑那調水工程、南加州市政水管區（Metropolitan Water District of Southern California）和南內華達水資源管理局（Southern Nevada Water Authority）是科羅拉多河下游城市工業供水的三家主要機構。中亞利桑那調水工程前文已經介紹過。南加州市政水管區是由 26 個城市和供水區聯合組成的供水機構，為洛杉磯、奧蘭治（Orange）、聖地亞哥（San Diego）、里弗賽得（Riverside）、聖貝納迪諾（San Bernardino）、凡圖拉縣（Ventura counties）等部分地區的 1,900 萬民眾提供飲用水，輻射範圍達 5,200 平方英里，科羅拉多河是其主要水源。南內華達水資源管理局由來自大彎水管區（Big Bend Water District）、克拉克縣水回收區（Clark County Water Reclamation District）、拉斯維加斯河谷水管區（Las Vegas Valley Water District）、亨德森（Henderson）、博爾德城（Boulder City）、拉斯維加斯和北拉斯維加斯（North Las Vegas）各區域的代表組成；除了負責這些區域的水資源管理外，水資源管理局還要通過一系列措施和解決方法，保障拉斯維加斯河谷的供水；南內華達發展所需水源大約有 90% 來自於科羅拉多河。

一直以來，這幾家供水機構都在科羅拉多河水資源管理及相關事務上協商合作；近來，鑒於科羅拉多河水供應及水質問題的日益嚴峻，他們把目光投向了當前的水污染及水質難題上，並結成科羅拉多河下游水質合作夥伴關系。三家供水機構擬通過簽署合作備忘錄，將協作常態化、建立正式的合作夥伴關系，致力於持續高效地管理科羅拉多河下游水質事務，改善科羅拉多河下游流域的生態環境。

這項協作一方面可以整理各方過去在水資源管理事務上已取得的成果，另一方面也要梳理科羅拉多河流當前應對的重重挑戰，推陳出新、採取新的措施，保障科羅拉多河下游數以百萬計的居民的用水安全。

这三家機構建立合作夥伴關系後，下一步可能開展以下工作：

（1）就改善水質問題，概述政策措施、確定籌資機會；

（2）與聯邦及各州機構一道，協調公用事業的科羅拉多河水質監測；

（3）持續記錄從密德湖到墨西哥邊境的全部科羅拉多河水質監測數據；

（4）定期舉行以科羅拉多河水質為主題的科學研討會；

（5）支持並維護密德湖和科羅拉多河的水質模型，便於相關機構評估氣候變化、泄漏和新型污染物的影響。

4.3.2 科羅拉多河合作協議（Colorado River Cooperative Agreement）

2013年秋，一直以來依賴著科羅拉多河水資源的十八方利益團體，達成了科羅拉多河合作協議。這也是美國丹佛水利局（Denver Water）與西部斜坡帶上的幾個水資源管理單位經過數年的協商談判後取得的積極成果。該合作協議旨在促進科羅拉多流域的保護，保障丹佛水利局今後的供水能力。包括水供應商、縣委委員、市政當局、滑雪場營運者、環保組織在內的40多個利益相關方，也與簽署協議的18方利益團體一道，參與了合作協議的制定過程。

科羅拉多河合作協議的簽署，其實代表了一種新的河流管理模式，即面對複雜的河流系統時，要盡可能地考慮多方利益訴求，以革新的思維推進合作。這樣的協商才能有效地推進各市縣更好地處理河流問題。在科羅拉多河合作協議的框架下，我們已經看到了一些合作成果，如狄龍水庫（Dillon Reservoir）、莫法特集水系統（Moffat Collection System）、肖肖尼電站協議（Shoshone Power Plant Protocol）等。

### 4.3.3 科羅拉多河水系保護計劃（Colorado River System Conservation Program）

一直以來，丹佛、洛杉磯、菲尼克斯和拉斯維加斯的繁榮發展都與科羅拉多河密不可分。然而如今密德湖和鮑威爾湖庫存水量不斷減少，無形中成了制約這些都市發展的瓶頸。負責為這些地區供水的單位——丹佛水利局、南內華達水資源管理局、中亞利桑那水源保護區（Central Arizona Water Conservation District）、南加州市政水管區，將與墾務局一道，開展一系列以保護科羅拉多河水系為目的的試點項目，擬通過補助農民、市政、工業企業來減少其用水量。

這項科羅拉多河水系保護計劃會在上游和下游流域的保護中踐行「需求管理」（Demand Management）的思路，通過一系列措施，諸如使用先進灌溉技術、工業重複用水、市政循環用水等辦法來減少消耗性用水，減少對河流的水量索取。為使試點項目順利開展，上述四家供水單位各自出資 200 萬美元，墾務局出資 300 萬美元，共計 1,100 萬美元。

上游流域的試點項目，需綜合考慮地理多樣性、實施時間表、管理的容易度、環境效益等諸多因素，由上游各州共同監管、科羅拉多河上游委員會從中協助，委員會成員可以否決其所在州的任一試點項目；下游流域的試點項目管理則由經驗豐富的墾務局負責。

### 4.3.4 流域圓桌會議（Basin Roundtables）和跨流域協議委員會（Interbasin Compact Committee）

《21世紀科羅拉多水法案》（Colorado Water for the 21st Century Act）創建了流域圓桌會議和跨流域協議委員會。

流域圓桌會議有九方利益團體參加：都會區、阿肯色州、科羅拉多州、甘尼森流域、北普拉特流域、格蘭德河流域、南普拉特流域、西南地區，以及揚帕、懷特、格林流域；成員則覆蓋了環保人士、河流旅遊業業主、家庭用水供應方、農業灌溉及工業用水代表等，皆來自不同的縣或水源保護區。通過流

域圓桌會議還可以選出額外成員擔任投票成員或非投票成員。流域圓桌會議旨在明晰農業、工業、市政、環境及休閒娛樂項目的用水需求，並根據上述需求來開展相關項目。

跨流域協議委員會除從每個流域圓桌會議選取兩名代表外，還包括六名州長委任人員、兩名立法機構委任人員以及協議談判主管。委員會的主要職責是與流域圓桌會議合作，試圖達成一系列跨流域協議。

流域圓桌會議和跨流域協議委員會經過這些年的不斷發展，已開展了一些工作，努力促成科羅拉多州達成初步共識。成果包括：全州流域圓桌峰會；跨流域協議委員會2010年給時任州長的信件；跨流域協議委員會零遺憾行動計劃草案；跨流域協議委員會概念性協議草案。

4.3.4.1 全州流域圓桌峰會

全州流域圓桌峰會已舉辦過三次，科羅拉多州和上百個利益相關方都參與到了科羅拉多州的水計劃制訂中來，保證規劃能朝著正確的方向行進。同時，這也為各個流域的水資源管理者提供了相互學習、交流經驗的平臺。

4.3.4.2 跨流域協議委員會2010年給時任州長的信件

2010年12月，跨流域協議委員會向時任州長遞交了一份信件。這份信件不僅闡述了委員會的理念，更為零遺憾行動計劃和概念性協議的創建奠定了基礎。

跨流域協議委員會強調，當前路徑並不利於科羅拉多州的可持續發展。信中提到，若不採取任何措施，任由現狀發展下去，水資源會大量流轉出農業領域，導致耕地流失、河流干涸、危及生態系統、旅遊經濟，還會引發低效的土地決策和供水系統癱瘓等惡果。

跨流域協議委員會表示，當前沒有一種單獨的決策框架能既考慮全體居民的利益訴求，又解決不斷增長的用水需求；綜合使用多種解決措施才是應對之道。跨流域協議委員會在2010年8月的會議上達成了一致意見，認為未來的水需求解

決方案應涵蓋四個方面，即節水、既定項目計劃、農業用水流轉及新的供水發展計劃；在解決水資源供需缺口的同時，也要注意保護河流生態和休閒娛樂資源。

4.3.4.3　跨流域協議委員會零遺憾行動計劃

跨流域協議委員會零遺憾行動計劃草案是基於 2012 年 11 月、2013 年 3 月、2013 年 6 月三次跨流域協議委員會議以及數次小組委員會討論的基礎上出抬的，較為全面地反應了委員會成員之間所達成的共識，全部計劃將在未來 10~15 年實施。

情景規劃是跨流域協議委員會零遺憾行動計劃的重要組成部分。相比流域圓桌會議，情景規劃設想了更多的用水需求和更少的供水情況，考慮了額外的供水及農業用水流轉安排。

跨流域協議委員會零遺憾行動計劃的主要目標包括：將農村水資源流轉面積最小化（以流域為單位），實施農業共享項目；計劃、保護現有及新增的供水；建立中低端保護戰略；開展非消耗性用水工程；以較高的成功率實現既定項目計劃；建設蓄水及其他基礎設施；實施再循環策略。

這項行動計劃也被納入到科羅拉多州的水計劃之中。

4.3.4.4　跨流域協議委員會概念性協議草案

一直以來，從科羅拉多流域調水至落基山脈東部地帶的發展項目飽受爭議。繼跨流域協議委員會零遺憾行動計劃草案面世後，跨流域協議委員會在 2013 年對一個新的跨山調水項目展開了概念框架的討論。跨流域協議委員會隨後制定的概念性協議草案，試圖尋求新的發展路徑，將新的跨山調水項目與流域圓桌會議關注的問題結合起來。2014 年 6 月，跨流域協議委員會對該概念性協議草案達成共識，並將之遞交科羅拉多州水利局（Colorado Water Conservation Board）。

4.3.5　埃爾克黑德水庫（Elkhead Reservoir）擴充項目

2006 年的埃爾克黑德水庫擴充項目也是一項多方合作的例子。該水庫原屬城市克雷格（Craig）管轄，主要用於克雷格站發電廠發電以及垂釣、泛舟等休閒活動。

該項目計劃更新現有設施；將 5,000m³/s 的庫存水量輸送至揚帕河，用以改善環境、保護瀕危魚類；安裝護魚篩網，解決垂釣與瀕危魚類保護的矛盾。科羅拉多河水源保護區和科羅拉多州水利局還將合作裁定揚帕河一處重要棲息地的水權，以促進河流恢復、改善魚類棲息環境。水庫將由克雷格、科羅拉多河水源保護區（Colorado River Water Conservation District）、科羅拉多公園和野生動物管理局（Colorado Parks and Wildlife）共同進行管理。

該項目共計投入 3,100 萬美元，除部分資金來自州政府外，各利益相關方也分攤了項目費用。

4.3.6 風峽加固項目（Windy Gap Firming Project）

風峽加固項目是科羅拉多州東北部 13 個供水單位聯合開展的項目，旨在提升風峽項目（Windy Gap Project）的供水能力。原風峽項目由北方水源市政分區（Northern Water's Municipal Subdistrict）營運，從 1985 年開始供水。加固項目擬在落基山脈東部斜坡帶上修建一個新水庫，預計每年可供水 3 萬 m³/s，通過科羅拉多河—大湯普遜河調水工程實現給水。

13 方項目參與者都致力於解決該加固項目造成的環境影響。北方水源市政分區與各州野生生物學家合作開展了環保計劃，緩解水流高溫、去除多餘營養物、加大河流流量衝刷沉積物，以減輕項目建設對野生動植物的危害，消除給大湖（Grand Lake）和科羅拉多河水質帶來的負面影響。環保計劃將被一併納入到最終環境影響報告書（Final Environmental Impact Statement）中。

## 4.4 地區水資源保護工作——以科羅拉多州為例

4.4.1 科羅拉多州河道內流量保護計劃（Instream Flow Program）

1973 年，科羅拉多州通過參議院第 97 號議案，制訂了科羅拉多州河道內流量保護計劃，以期改善河流及湖泊的自然生

態環境。在美國西部各州中，科羅拉多州是第一個制訂該類保護項目計劃的，可謂是河道內流量保護的領軍者。此後，科羅拉多州又不斷通過新的立法來強化該項目。

科羅拉多州河道內流量保護計劃主要由三個重要部分組成：新占水權、水收購和水權保護。新占水權是為科羅拉多州水利局所有的、新的、初級的水權，每年經由水法庭（Water Court）裁定後獲取。科羅拉多州水利局除了享有新的取水權外，還可以在雙方自願的基礎上獲取他人的優先水權，補充河流和湖泊流量，優化水文環境。科羅拉多州水利局可以通過購買、捐贈、租賃、交換等多種方式簽署協議，獲取水、水權及水權利益。通過水收購，科羅拉多州水利局可以從別處獲取優先水權，將水資源用於河道內流量的補充和恢復。

水收購中特別引入了水銀行（Water Bank）機制。水銀行是國外一些發達國家在水資源調配或水權管理中使用的配置手段。由於水資源容易受水文、氣候等多種因素影響，波動性大、供給不穩定，加之複雜的交易審查程序，直接的水權交易難以進行。水銀行可以提供水權交易的市場信息，在買方市場和賣方市場間建立聯繫，承擔相關的水權交易審查工作，使水資源得到合理的分配使用。其有效運作極大地降低了交易成本，推動了水權交易的順利進行。

科羅拉多州水利局所申請的水權經法庭審理確認後，就有必要即時監測河流流量，保障河道內流量水權能物盡其用，並且不被之後其他的水權申請所破壞。為了實現水權保護，科羅拉多州水利局主要採取了物理保護和法律保護兩種辦法。在物理保護層面，水利局在重要河段安裝水流計量器監控水流，並在水量異常時提出供水裁決請求，啟動水權管理程序；在法律保護方面，水利局主要通過評估審核新的水權申請來實現。如果發現提交的水權申請有損河道內流量保護計劃，科羅拉多州水利局會向水法庭提出異議陳述，由州總檢察官辦公室、水利局工作人員和水權申請方進行協商，達成保護河道內流量的條

款，並寫入水權許可中。若協商失敗，水利局可以水權人身分提起訴訟，維護河道內流量的水權，防止對河道流量和湖泊水量造成侵害。自該項目發起以來，科羅拉多州源源不斷地投入了巨大的財力、物力、人力，通過新占水權、水收購和水權保護，改善著境內河流生態系統。

河道內流量保護計劃共涵蓋了科羅拉多州超過 8,500 英里的河流和 486 個天然湖泊，這相當於該州常年河流英里數的 30%。與此同時，科羅拉多州水利局還完成了 21 項水權的收購交易。在這些交易中，有的是為了保護揚帕河上瀕危物種的重要栖息地，有的是為了改善藍河（Blue River）的生態環境，有的是為了使西弗敦（Silverton）附近退化的河道系統恢復正常的水量。

4.4.2 2014 科羅拉多水資源計劃草案（2014 Draft of Colorado's Water Plan）

就科羅拉多河水資源管理問題，上游流域的科羅拉多州率先採取了措施。2013 年 5 月，科羅拉多州州長約翰·希肯盧珀（John Hickenlooper）發布 D2013-05 號行政命令，令科羅拉多州水利局起草一份科羅拉多水資源計劃（Colorado's Water Plan），探討如何解決科羅拉多州未來的水需求，這也是第一個全州範圍內的水資源規劃。科羅拉多州的人口數量預計會在 2050 年翻倍，其確實有必要抓住時機、制訂適宜方案，開闢出一條水管理的可持續發展路子。該計劃草案已於 2014 年 12 月 10 日完成，最終方案將於 2015 年 12 月 10 日前確定。

科羅拉多州約 80% 的人口居住在芬茲山脈都市走廊的城市中，如丹佛、科羅拉多斯普林斯（Springs）和柯林斯堡（Fort Collins）；該州 80% 的雨雪卻基本上落在科羅拉多河上游流域的西部斜坡帶上。都市走廊的發展長期以來依靠一系列調水工程，將科羅拉多河流域中的水資源越過落基山脈抽取、輸送、轉運至都市圈，用於農業、草坪灌溉以及城市發展。這些水壩建設和調水工程減少了科羅拉多河流量、破壞了環境，尤

其危害了西部斜坡帶上以河流娛樂項目為主的旅遊業發展。除了利用科羅拉多河上游的干流水資源外，一些都市走廊帶的水資源受益者們現在正考慮從科羅拉多河更遠的支流中引水，如揚帕河和甘尼森河，這些河流暫時還未受到調水工程的侵害。

科羅拉多河流域為都市走廊的發展提供了重要的水資源，但目前大多數河流面臨著干涸的困境，水資源的供給岌岌可危。在科羅拉多河水計劃草案的制訂過程中，科羅拉多州州長和科羅拉多州水利局堅持以下通用開發原則：

（1）優先保護健康的河流並恢復退化的河流；

（2）提高城鎮的水資源利用效率、節約用水；

（3）採用現代化的農業耕種模式，使農村與城市共享水源（灌溉用水目前占科羅拉多河用水的80%），在保護珍貴農牧場的同時維護河流健康；

（4）不再另建大型的跨山調水項目，避免進一步危害科羅拉多河上游河流及依賴其發展的社區。

科羅拉多州州長和科羅拉多州水利局都意識到，科羅拉多州要發展，絕不能再遵循老舊的、有害的、代價高昂的水資源發展機制。從傷痕累累的科羅拉多河上游索取額外的水量，並不是明智之舉。水對於城市的發展、居民的生活都是必不可少的，科羅拉多河的水資源保護和合理利用應成為重中之重。只有具備了足夠的水資源，農業、漁業、旅遊業的興盛和野外生態保護才可能實現。

4.4.3 水、基礎設施、供給效率合作夥伴關系（Water, Infrastructure, and Supply Efficiency Partnership）

丹佛都市區的供水商們為應對不斷上漲的用水需求，聯合建立了水、基礎設施、供給效率合作夥伴關系，探索如何利用現有的供輸設施網絡，實現更高效的供水。

2002年旱災之後，奧羅拉水利局就開始了草原水項目（Prairie Waters Project）的建設工作，這是一個革新的供應和過濾系統。草原水項目形成了一個大型的水處理和運輸基礎設

施網絡，能保障對奧羅拉的穩定供水。現在，奧羅拉水利局還與丹佛水利局、南部城市供水管理局（South Metro Water Supply Authority）展開合作，計劃將草原水項目的基礎設施網絡與丹佛、奧羅拉多餘的可利用水資源結合起來。這項合作計劃可以保障上述供水商在干旱時期的正常供水，還能將新的水資源持續供應給南部城市。

相比獨立的供水系統，這樣的合作夥伴關系能夠利用基礎設施網絡進行水資源調度，從而靈活應對河流水文不穩定性引發的供需缺口，使各方受益。

### 4.5 民間參與

鑒於水資源嚴重不足，或許從基層推廣強有力的節水手段，是解決科羅拉多河水供需懸殊的理想對策之一。十多年來，科羅拉多河流域內許多社區都曾發起過居民節水活動，取得了不錯的效果。但這些活動通常分開進行，並沒有一個統一的標準，參與人數也有限。

2012年，西部資源倡導者、科羅拉多環保聯盟（Colorado Environmental Coalition）等組織聯合發起了一場「90 By 20 運動」。這場運動倡導美國西南各州的城市居民每人每天用水90加侖，一直堅持到2020年。這場運動將範圍擴展至整個科羅拉多河流域，希望能在整個流域內設定節水的統一目標和衡量基準，這個目標是可以實現的，將節水目標具體到居民個人的做法也是極具意義的。這不但有利於培養城市居民的節水意識和節水習慣，更能大大減少城市生活用水。如果全流域能達到上述節水目標，那麼全年節水量可以超過100萬 $m^3/s$。

## 5. 經驗教訓

科羅拉多河作為美國西南部的生命線，為當地的繁榮發展

做出了巨大的貢獻。人們對科羅拉多河流開發和管理的過程，也是不斷反思和改進的過程。近些年來，隨著供需缺口擴大、環境問題突出，水資源的利用和管理工作有了重大轉變，人們從先前注重防洪、蓄水、發電，到如今更加注重流域生態多樣性和環境的恢復。聯邦機構墾務局帶頭發起了一系列河流恢復及節水項目，流域各州間合作建立了旨在保護流域環境、增強供水能力的項目與協議，地方政府、民間組織也紛紛加入到流域保護活動中來。

可以說，當前科羅拉多流域管理正朝著跨州、區域協作性公共管理機制的趨勢發展。在可持續發展的環保框架下，政府牽頭、促進多方合作、考慮各方利益訴求、協調其間利益衝突，以流域為單位統籌水資源管理，鼓勵企業與民間力量參與進來，努力實現經濟效益和環境效益的雙重收穫，這種管理機制無疑對中國的流域治理有著重要的借鑑意義。

# 第三章

# 特拉華河流域管理案例

# 1. 特拉華河流域簡介

## 1.1 基本情況

特拉華河是美國密西西比河以東最長的無壩河流，從紐約州漢考克東西支流匯合處綿延 330 英里，經特拉華灣進入大西洋。特拉華河有 216 條支流，其中最大的一條支流是位於賓夕法尼亞州的司庫與利哈伊河。特拉華河流域面積為 13,539 平方英里，分佈於賓夕法尼亞州（6,422 平方英里，占流域總土地面積的 50.3%），新澤西（2,969 平方英里，占流域總土地面積的 23.3%）、紐約州（2,362 平方英里，占流域總土地面積的 18.5%）以及特拉華州（1,004 平方英里，占流域總土地面積的 7.9%）。此外還包括 782 平方英里的特拉華灣，特拉華灣大約一半位於新澤西州、一半位於特拉華州。1,500 多萬人口（大約占全國總人口的 5%）的飲用水、農業用水和工業用水來自特拉華河流域水域，但是特拉華河流域只占美國大陸土地面積的 0.4%。在這 1,500 萬人口中，約有 700 萬人口生活在地處特拉華河流域外的紐約市和新澤西北部，紐約市供水約有一半來自特拉華河支流上的三大水庫。

特拉華河的三大河段已被納入國家自然與風景河流系統。其中：一段從特拉華河東西支流在紐約州漢考克交匯處向下延伸 73 英里至賓夕法尼亞州米爾瑞福特市，另一段從紐約州杰維斯港南向下延伸至賓夕法尼亞州斯特勞茲堡附近的特拉華河峽谷。這兩段面積共計 124,929 英畝。2000 年 11 月 1 日，《特拉華河下游流域自然與風景河流法案》（Lower Delaware Wild and Scenic Rivers Act）正式生效，將特拉華河 38.9 英里的主幹流（以及大約 28 英里支流）納入全國系統，將特拉華河峽谷和賓夕法尼亞州華盛頓渡河連接在一起，即新澤西特倫頓上

游部分。現在非潮汐特拉華河有 3/4 都已納入國家自然與風景河流系統。新澤西莫里斯河（特拉華河支流）和新澤西馬斯科納特康河（特拉華河支流），以及賓夕法尼亞和特拉華州內的白泥溪（流入特拉華河支流克里斯蒂納河）也已經納入全國系統。根據國家公園管理局網站公布的信息，美國河流長度超過 350 萬英里，但是只有 12,598 英里（略高於 0.25%）被納入國家自然與風景河流系統（National Wild and Scenic Rivers System）。

### 1.2 人口特徵

特拉華河流域覆蓋特拉華州、馬里蘭州、新澤西州、紐約州和賓夕法尼亞州等州約 13,000 平方英里的面積（不包括特拉華河與特拉華灣）。2010 年，流域內居住人口超過 820 萬，其中包括：特拉華州 654,000 人（占全州人口的 74%），馬里蘭州 2,300 人，新澤西州 1,964,000 人（占全州人口的 22%），紐約州 131,000 人（占全州人口的 5%），以及賓夕法尼亞州 5,469,000 人（占全州人口的 43%）。約 350 萬人口在流域內就業，流域分別為特拉華州、新澤西州、紐約州和賓夕法尼亞州提供了 316,000 個、823,000 個、70,000 個和 2,271,000 個工作崗位。另外，還有紐約市和北新澤西州的 800 萬人口通過流域內調水從特拉華河取水。特拉華河流域僅占美國大陸面積的 0.4%，卻為美國 5% 的人口提供飲用水。

特拉華河流域人口超過 820 萬，如果算作一個州，將會是新澤西之後的第 12 大人口稠密州，高於弗吉尼亞州。特拉華河流域特拉華州、新澤西州、紐約州和賓夕法尼亞州所覆蓋面積分別占各州面積的 50%、40%、5% 和 14%。

2000—2010 年期間，特拉華流域的人口增長了 6.1%。在過去 10 年間，賓夕法尼亞州派克郡人口增長了 30%，特拉華州肯特郡、薩塞克斯郡和賓夕法尼亞州門羅郡增長了 20% 以上，新澤西州格洛斯特郡和海洋郡、紐約州橘子郡和賓夕法尼

亞州切斯特郡、利哈依郡和北安普敦郡增長了10%以上。自2000年起，流域內部分郡出現人口流失，包括新澤西州開普梅郡；特拉華州布魯姆郡；紐約州格林郡以及賓夕法尼亞州拉克萬納郡、盧澤恩郡和斯庫基爾郡。

### 1.3 經濟特徵

特拉華河流域是美國的一大經濟引擎，它為美國第一大都市經濟體（紐約市）和第七大都市經濟體（費城）提供飲用水，同時還為世界最大的淡水港提供支持。特拉華河流域範圍內的經濟活動主要包括娛樂、供水、狩獵/漁業、生態旅遊、林業、農業、空地、頁岩天然氣和港口作業、水質經營等，年均產值高達250億美元。其中：林業、供水、農業和頁岩天然氣貢獻最大，分別為20.5%、15.3%、13.5%和13.2%；其次是港口作業和水質經營，分別為10.5%和9.8%；最後是生態旅遊、漁業和娛樂等業態，分別為7.3%、6.2%和4.3%。

2010年，特拉華河流域生態系統提供的天然產品服務價值高達210億美元，按服務期100年計，在貼現率為3%的情況下，淨現值高達6,830億美元。生態系統的貢獻值在賓夕法尼亞州最高（86億美元），其次為新澤西州、紐約州和特拉華州（分別達66億美元、35億美元、25億美元）。

特拉華河流域是一臺拉動就業的引擎，能夠支撐600,000個直接/間接就業崗位，海洋、農場、生態旅遊、水/污水處理、港口和娛樂行業每年支付100億美元工資。直接就業崗位（即與特拉華河流域直接相關的就業崗位，如水利/污水項目建設、供水、漁業、娛樂休閒、旅遊業和港口作業等）共計240,621個，年均工資總額達49億美元。其中：賓夕法尼亞州直接就業崗位最多，超過13萬個，工資總額高達28億美元；其次為新澤西州，共計62,349個直接崗位，工資總額為13億美元；最後為紐約州（32,000多個直接崗位）、特拉華州（15,700多個直接崗位），工資總額分別為5.5億美元和

3.4亿美元。

间接就业岗位共计288,745个,年均工资总额达40亿美元。其中:宾夕法尼亚州就业人数占比为54%,工资总额占比为55%;其次为新泽西州,就业人数占比为26%,工资总额占比为25%;最后为纽约州和特拉华州,就业人数占比分别为13%和7%,工资总额占比分别为12%和8%。

根据《2009年全国沿海经济报告》(National Coastal Economy Report 2009),特拉华河流域内沿海地区共提供44,659个工作岗位,工资支出总额9.47亿美元,为GDP贡献18亿美元,宾夕法尼亚州、特拉华州和新泽西州就业人数占比分别为63%、27%和10%,GDP贡献率分别为67%、22%和11%。特拉华河流域钓鱼、狩猎以及观鸟/野生动物相关的娱乐休闲行业提供44,941个岗位,宾夕法尼亚州、新泽西州、纽约州、特拉华州分别占41%、39%、11%和9%,工资总额为15亿美元,四个州分别占43%、34%、13%和10%。公有和私营供水企业员工共8,750人,年均工资支出总额4.85亿美元,水源均取自特拉华河流域。污水处理行业共雇佣1,298人,年均工资支出总额6,100万美元。

有100多家非营利性环境组织年均投入950万美元以上,聘请至少200名员工致力于恢复特拉华河流域水质。

在宾夕法尼亚波科诺山脉,特拉华河流域9家滑雪度假村提供1,753个直接岗位,每年吸引190多万人次滑雪爱好者,年均总收入达87,655,063美元。根据户外行业协会提供的数据,特拉华河流域基于游船的娱乐活动吸引了620,860个参与者,提供了4,226个岗位。美国林业局和美国国家公园管理局估计特拉华河上游和特拉华河峡谷水上娱乐项目1986年共创造448个就业岗位,支付工资880万美元。特拉华、利哈依和斯库基尔河以及布兰迪万河37个皮划艇队伍每年收入900万美元,雇佣225人,为225,000名游客提供游艇租赁服务。

在纽约州,沿特拉华河比弗基尔、东西支流和上游干流,

野生鮭魚垂釣業提供 350 個崗位,每年支付 360 萬美元工資。2001 年到訪特拉華河峽谷國家休閒區為 4,867,272 人次,共產生了 1.06 億美元銷售收入以及 7,563 個直接/間接就業崗位,每年支付工資 1 億美元。

從特拉華河威到明頓到費城再到特倫頓港,這些港口合起來可以成為美國第 5 大進口港、第 20 大出口港。這些港口每年提供 4,056 個崗位,年均工資支出總額達 3.26 美元,其中大多數崗位與貨物搬運和倉儲相關。此外,每個港口工作崗位還會帶來兩個其他類別的工作崗位。

## 2. 特拉華河流域水環境變遷

特拉華流域管理委員會 2008 年發布的《特拉華河流域現狀報告》(State of the Delaware River Basin DRBC,2008)(下一次將於 2017 年發布)對 37 項指標中的 34 項指標進行評估,結果表明流域水資源狀況為「一般」。34 項指標涵蓋水利、水質量、生物資源和景觀生態四個方面,評估結果分為「良好」「一般」和「差」三個等級。達到「良好」的有 9 項,水利、水質量和生物資源分別為 4 項、3 項、2 項;達到「一般」的有 14 項,水利、水質量、生物資源和景觀生態分別為 2 項、5 項、5 項、2 項;評估結果為「差」的有 11 項,水利、水質量、生物資源和景觀生態分別為 1 項、2 項、5 項、3 項。《特拉華河流域現狀報告》指出,水利狀況總體良好,流域能滿足流量目標以及人類水資源需求,在水資源利用和保護方面取得重大進步,洪澇減損工作也得到改進,但氣候變化加劇要求管理機構在未來採取適應性措施。在水質方面,《特拉華河流域現狀報告》指出,總體狀況一般,溶氧、營養物和水體清澈度等方面情況良好,不論干流還是支流均能達到相關標準。但有毒物問題依然存在。由於在部分參數方面缺乏標準,實施

評估成為問題，而且由於監測措施存在缺陷，無法開展有力的評測工作，在溶氧及營養物方面尤為突出。在生物資源方面，評估主要涉及水質及水利條件變化對相關物種的影響。《特拉華河流域現狀報告》指出，生物資源總體狀況一般，不少指標評估結果為「差」。在景觀生態方面，《特拉華河流域現狀報告》認為景觀變化對流域功能的影響不能很好地通過相關指標進行量化和呈現，需要在今後報告中增補指標來彌補這樣的缺口。

## 3. 特拉華河流域管理機制

1769年，一個訪問美國的英國人評論說費城特拉華河「一團糟」。1940年，特拉華河污染十分嚴重，特拉華河流域州際委員會將費城和肯頓特倫頓潮汐河稱為「美國污染最嚴重的河流之一」。二戰期間，一艘剛噴過漆的船在充滿有毒物的特拉華河中航行後船身變成了彩虹色。陸軍和海軍飛行員按指示飛到一英里上空還能聞到河水發出的惡臭。在20世紀50年代，特拉華河入海口被認為是世界上污染最嚴重的區域之一，夏天含氧量為零。美洲西鯡無法通過費城的零氧屏障區，導致這一源自此流域的魚種幾乎絕種。1973年，美國環保局在創立三年後，得出特拉華河永遠不會達到魚類養殖水質標準的結論。

那麼，特拉華河流域現狀怎樣？

過去幾十年間，美國聯邦及州政府為了治理和復興特拉華河流域，採取多樣化的河流整治措施，這些措施被譽為全世界最成功的水質量治理案例之一。現在，特拉華河常年產魚，還有魚類洄遊產卵。從特拉華河的紐約上游段到特拉華灣，都有禿鷹築巢常駐，它們以魚類為主食。如今，在特拉華河的非潮汐和潮汐段以及兩大支流利哈依河和斯庫基爾河上都有官方指

定可以划船的河道。

虽然流域治理的工作尚未结束，某些河段至今还没有达到《联邦清洁水法案》（Clean Water Act）规定的「适合垂钓和游泳」的目标，但是从恶臭熏天、充满毒物到鱼类遍布、水质达标，治理工作取得的成就举世瞩目。那么，这几十年内做了些什么工作呢？

从20世纪六七十年代起，联邦、州和区域政府发起了多项环境保护计划，使特拉华河流域水质得到大幅改善，污染降低。1961年，肯尼迪总统签署建立特拉华河流域委员会的法律，这是第一部联邦—州有关水资源的法律。1972年，尼克松总统签署《联邦清洁水法案》，后来在1977年和1987年进行了修正。纽约州和宾夕法尼亚州分别于1973年和1990年颁布了《含磷洗涤剂禁令》（Phosphate Detergent Bans）以及1994年禁产令，这两项法案的实施使流域内多条河流含磷量减少25%以上。1988年，特拉华河流域历史学家理查德·阿尔伯特（Richard Albert）指出：「特拉华河入海口的清理是美国最成功的水污染治理案例。」1990年前，超过15亿美元的净水法案基金用于威明顿、费城和肯顿的污水处理厂建设。2005年，费城的溶氧含量超过5mg/l，达到鱼类繁殖水质标准。特拉华河流域委员会被视为特拉华河和入海口水质恢复的第一大功臣。1996年，美国环保局局长评论说：「回顾过去，特拉华河流域管理委员会是管理水资源长征路上的先锋。」

五十多年的时间，特拉华河流域治理工作取得如此丰硕的成就，究竟建立了什么样的机制来确保水污染治理工作的顺利开展？究竟采取了哪些措施才达到如今的效果？本章拟对上述问题进行阐述。

## 3.1 特拉华河流域管理机制

在20世纪60年代之前，特拉华流域曾是美国各州之间争夺用水权的竞技场。在20世纪上半叶期间，纽约市制订了相

關規劃，旨在通過將流域河水引入至美國最大的城市以擴大其水庫系統，這一做法遭到了流域下游三個州的反對。於是，各州希望通過商討及談判解決用水爭議的努力也付之東流，各州之間也因此互相將對方訴至法庭。美國最高法院針對新澤西州與紐約州的互訴案件發布了1954年法令。該法令規定，紐約州有權從其特拉華流域的三個水庫中引水；同時，流域下游三個州也有權引水到三個水庫，但必須保證從河流主幹起80英里內的最低流量目標。

為促進各州之間的合作、消除矛盾，實現對流域水資源的統一管理，1961年美國總統肯尼迪與特拉華、新澤西、賓夕法尼亞和紐約四個州的州長共同簽署了一個具有法律效力的《特拉華河流域管理協定》（Delaware River Basin Compact）（以下簡稱《協定》）。《協定》的簽署，實質上突破對流域實行分行政區域管理的傳統管理體制，建立了新流域管理體制的法律基礎。

## 3.1 管理機構

協定的簽署，標誌著聯邦政府及美國四個州首次可以作為平等合作夥伴，共同參與流域的規劃、開發，也標誌著特拉華河流域管理委員會的成立。

### 3.1.1 特拉華流域管理委員會的成立

促成特拉華流域管理委員會（以下簡稱委員會）成立的原因有四個方面：第一，特拉華河及其支流哈依河和斯庫基爾河污染嚴重。第二，州際間水資源分配及河流流量的維持存在嚴重分歧。第三，尚未從全流域的角度來防治洪澇災害。例如，1955年的洪水造成99人死亡及超過20億美元（按現價計）的間接損失。第四，在流域內有43個州級機構、14個跨州機構和19個聯邦機構涉及水資源的管理和開發利用，職責不清，協作不暢。各州間的矛盾尖銳，經常爭吵，外流域的紐約市需要特拉華河上游大量引水，使得矛盾更加突出。

1954年訴訟案之後，特拉華、新澤西、賓夕法尼亞和紐約四個州及聯邦政府通過反覆磋商，最終達成共識，首先在聯邦和相關各州分別立法，而後由四個州和聯邦為五個簽約方共同簽署協定，成立特拉華流域管理委員會，突破行政區劃管理共享水資源。1961年10月27日，《特拉華河流域管理協定》正式簽約，委員會也正式成立。

### 3.1.2 委員會的組成

委員會的委員包括四個州的行政長官和一個由美國總統任命的代表。基於五方之間的輪換原則，委員會每年選舉一次主席、副主席和第二副主席。各委員具有同等效力的投票權，除了每年的預算和旱災宣言需要全體委員一致通過外，大多數事項的決策只需要多數票通過。

每個正式委員可以任命一個代理委員，代理委員任期與正式委員相同。聯邦代理委員仍由總統任命。代理委員和正式委員同時出席會議。正式委員有表決投票權。正式委員缺席時，代理委員有表決投票權。

委員會目前下設指揮部、行政部、對外溝通部、水資源管理部和模擬、監測及評估部五個工作機構，共設46個職位。

此外，委員會下設防洪、監測協調、水量調節、毒物控制、水費、水資源管理和水質保護七個專業諮詢委員會，諮詢委員會委員來自各州/聯邦政府機構、工業企業、市政府、學術界、醫療衛生機構、環境組織和流域組織等。

委員會組織架構如圖3-1所示。

委員會管轄範圍僅限簽署協定的各州，確有必要在流域範圍以外行使職能及權限的，需取得相應州政府的同意。

### 3.1.3 委員會的職權

委員會在流域水資源開發、利用、保護及水污染控制、自然生態保護、土地利用管理方面具有廣泛的權力，它不只是協調機構，而且是權力機構，可以制定方針、政策、法規，決定流域內的有關事務，可以採納和貫徹統一協調的流域水資源保

護、管控、使用與管理政策,並根據相關政策和規劃,鼓勵相關機構規劃、開發和資助水資源項目。

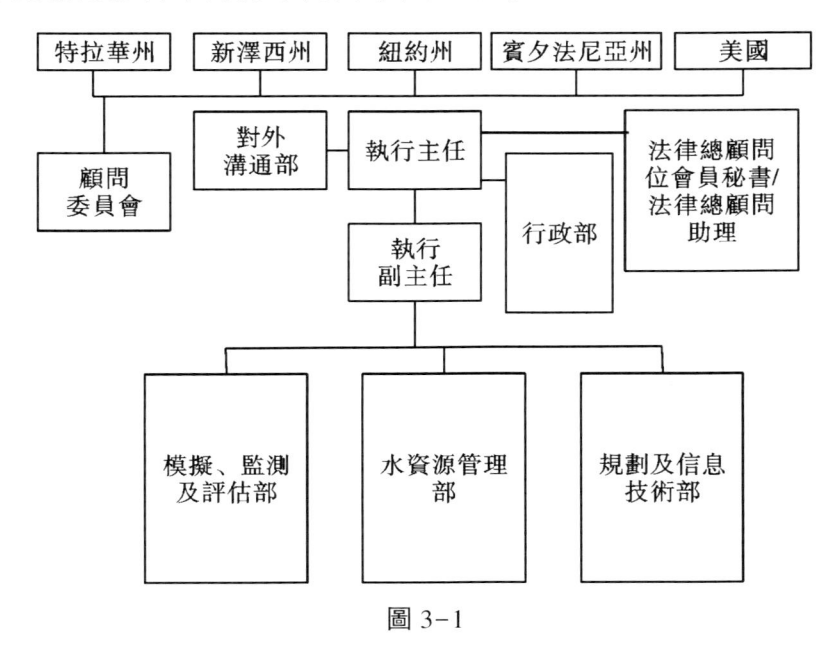

圖 3-1

委員會的主要職權包括:①有權按需求將本流域的水資源分配到該協定各簽字州或在協定各簽字州內進行分配;②對實施協定所必需興建的工程、設施或開展的活動和服務進行規劃、設計、收費等;③對本流域內所有水利工程和設施制訂規劃、設計和營運標準;④負責對水資源的規劃、利用、保持、管理、開發、控制和保護,以及對所屬設施的過水能力、適應能力和最佳利用進行研究。具體職能包括以下內容:

(1) 規劃、設計、購買、建設、改造、完善、控股、改進、擴建、開發、經營或維護委員會認定為有必要、便利或有助於協定的各類項目、設施、財產、活動或服務;

(2) 對流域內所有水利工程和設施制訂規劃、設計和營運標準,包括水處理廠、污水處理廠、溪流湖泊休閒娛樂設施、配水幹線、地方防洪工程、小型流域管理項目、地下水人工補給等;

（3）對水資源及其規劃、利用、保護、管理、開發、控制，以及對所屬設施的過水能力、適應能力和最佳利用等方面開展研究，收集、編寫、分析、報告和闡釋流域水資源及其利用方面的數據，包括但不僅限於水與其他資源的關係、工業用水技術、地下水運動、水價/需求關係以及水文條件；

（4）編寫和統籌系統性的溪流及地下水位預測數據，並在需要開展水資源利用、洪澇預警或水質維護等工作時予以發布；

（5）開展地下水專項調查、測試和行動，編製《綜合規劃》(Comprehensive Plan)；

（6）編製、發布和傳播與流域水資源問題相關的信息和報告，基於這些信息和報告，向協定簽約州的執行和立法機構匯報流域相關的需求、資源與政策等問題；

（7）代表流域就在法律允許的範圍內從公共或私人渠道獲取貸款、捐贈、服務或其他協助等問題進行談判；

（8）其他根據協定和法律應當由其承擔的職能。

### 3.2 委員會運行機制

#### 3.2.1 投票表決制

五個委員都具有同等效力的投票權，除了每年的預算和旱災宣言需要全體委員一致通過外，大多數事項的決策只需要多數票通過。委員會委員沒有否決權，對提交委員會討論的議題有一次投票權。五個委員中，大多數成員（即三票）投票贊成即通過。未經大多數委員投贊成票，委員會不得做出任何決定。

委員會做出的決定，由各委員負責貫徹執行，各州委員（州長）負責本州貫徹實施委員會的決定，因此，委員會一般不直接對州有關部門發號施令。

#### 3.2.2 會議及聽證會制

委員會各種會議均對公眾開放，有興趣者可以出席旁聽會

議。此外，委員會的會議記錄也對公眾開放，公眾可以在常規辦公時間查閱或調查。

在正式通過綜合規劃、水資源計劃、年度資金及當期經費預算、水電或水資源銷售或處置合同涉及協定規定事項的文件之前，委員會必須公開聽證會且必須至少提前10天登報發布公告，有興趣者均可參加，且可以反應問題和看法。

在舉行公眾聽證會後，委員會可以將流域內的某些地區劃定為保護區。如果發生干旱或其他情況，使本流域內或部分流域內供水短缺，在舉行公眾聽證會後，委員會可以確定並宣布該地區為供水緊急區。

### 3.2.3 協調機制

委員會應該與本流域水資源管理有關的聯邦、州、市和私人機構開展的活動或提出的計劃方面做一些促進和協助工作。委員會在配合和協調方面具體的服務工作包括：①為上述機構提供建議、諮詢、訂立合同、提供經濟援助等；②雇用協定簽約州或其所轄地區的任何其他機構執行相關設施設計、建造、營運和維護工作以及河流控制系統安裝和管理等工作；③制訂和採取符合《綜合規劃》的精神、且將流域內其他公共或私營機構的單列計劃納入其中的特定水資源項目和設施規劃或規範，並且允許對其進行單獨管理；④根據聯邦法律對水資源規劃、保護、利用、開發、管理或控制等工作提供經濟或其他援助。

協定簽約州根據其法律簽發的引水或取水許可證與委員會調控權發生衝突的，委員會可以根據引水或取水調控工作的需要予以廢除。

為了避免與委員會作為跨州區域機構的流域管理管轄權發生衝突，在影響該流域水資源的聯邦和水利工程中，凡是與協定授予委員會的職權有關的，都必須與流域管理委員會協商後進行規劃；凡是未被委員會納入《綜合規劃》的，都不得為其建設、採購或運行提供資金或投入，也不得視作已獲授權。

# 4. 特拉華河流域主要管理規劃與法規

## 4.1 全流域規劃概述

全流域規劃是委員會非常重要的一項管理措施，對流域管理工作起著統領的作用。迄今為止，委員會已經制訂或參與制定若干項全流域規劃。1962 年 7 月，委員會出抬《綜合規劃》，2001 年發布更新版《綜合規劃》；1981 年，發布《特拉華河流域 B 級綜合調研報告》(The Delaware River Basin Comprehensive Level B Study)；2004 年 9 月，出抬《特拉華河流域水資源規劃（流域規劃）》〔Water Resources Plan for the Delaware River Basin (Basin Plan)〕；2008 年 12 月，發布《特拉華河流域狀態報告》(State of the Delaware River Basin Report) 和《跨州調研報告：改進特拉華河流域紐約州、新澤西州、賓夕法尼亞州和特拉華州的跨州水資源利用和管理》(Enhancing Multi-Jurisdictional Use and Management of Water Resources for the Delaware River Basin：NY，NJ，PA，and DE)；2013 年 4 月，發布《特拉華河流域狀態報告》；2014 年，出抬《2015—2017 年水資源規劃》(Water Resources Program FY 2015—2017)。

## 4.2 《綜合規劃》

### 4.2.1 《綜合規劃》的法律地位

為了明確《綜合規劃》的法律地位，《綜合規劃》第一部分特別說明委員會的權限以及規劃的目的和範圍，明確指出制定、修訂、評估《綜合規劃》是委員會的法定責任和權利。

《協定》第十三條規定，特拉華流域管理委員會應制訂、採用並且隨時評估和修訂一份《綜合規劃》，以實現對流域水

資源直接且長期的開發和利用。計劃應包括委員會認為能夠滿足當前及未來需求的對水資源的最佳規劃、開發、節約、利用、管理和控制所需的公共及私人項目和設備。協定還規定，委員會應在其自行決定的隨後六年裡或其他此類可預見的合理時間段內能夠每年一次制訂並實施一份其計劃執行的包含項目及設施在內的水資源計劃。

《協定》要求，對流域水資源能夠產生重大影響的任何項目都應在由任何個人、企業或政府部門承擔營運之前經委員會批准方可施行。如果委員會發現並確定項目不會對《綜合規劃》產生實質性影響或與其內容矛盾，且可以修正並在修改後批准，則委員會必須批准此項目，而委員會若發現並確定該項目確實會對妨礙計劃實施或與計劃內容相衝突，則可以不予批准。《綜合規劃》及各組成部分旨在對委員會認定有利於公眾利益的流域開發的綜合特徵，它並未對任何項目施工或任何土地購買做出規定。它僅僅提供了流域中水資源及相關資源有序開發的一個靈活發展變化的整體框架。協定規定，委員會可以對任何會影響《綜合規劃》所述現有或擬建水資源項目的各項工作進行協調。

4.2.2 1962年版《綜合規劃》

《綜合規劃》最初於1962年3月28日由委員會第62-4號決議通過。該規劃由六部分組成：第一部分重申委員會的權限，說明規劃的目的和範圍。第二部分說明規劃工作的基礎資料來源。第三部分陳述流域的基本特徵。第四部分預測特拉華河流域的經濟發展。第五部分說明並預測流域各州的水資源需求情況。第六部分列明流域各州已實施和已規劃的項目情況。該規劃共涉及20個項目，其中供水防洪類項目4個，供水、防洪及娛樂類型項目7個，供水、防洪、娛樂及發電類項目1個，另外12個項目的功能是洪澇治理。

以上列明的項目都是經過委員會審核符合規劃要求的項目或提案。總的來說，委員會審核通過的項目必須滿足以下

標準：
- 項目必須有利於項目所在地點或區域的水資源開發；
- 項目必須具有經濟可行性和技術可行性；
- 項目必須符合認可公共政策的規定；
- 項目不得對流域內水資源開發產生不利影響。

《綜合規劃》未對特定區域、設計和未來項目的功能做出規定。即使規劃有對項目的技術特性做出部分說明，也主要是為了更好地理解項目類型，而並非說明可能會要求的任何規定。項目從規劃階段到設計階段和繪製藍圖階段可以在細節、地點、面積和其他特性方面進行修改。特別要注意的是，《綜合規劃》並未規定為了任何未來項目欲購買的任何具體的土地面積，但是可以在已授權項目實施時做出具體決定。同時，《綜合規劃》還說明了初步應採取的措施，以確保有充足的土地用於除了防洪和供水之外的娛樂休閒、流域保護、資源節約及其他水資源用途。

《綜合規劃》並未將各大項目的融資工作納入其中。《綜合規劃》並未規定任何公共或私人機構的任何開支要求，也並未要求其對某特定項目進行成本投資。所有的融資工作都可以根據公平合理的成本分攤計劃按項目逐個確定。

### 4.2.3　2001年版《綜合規劃》

從最初通過並實施以來，《綜合規劃》已經過多次定期修訂和增補。而對流域需求的持續研究對《綜合規劃》至關重要。因此，特定的項目和設施及計劃也會隨時進行合併、刪改以適應不斷發展變化的條件、研究結果和新科技。計劃的變更內容必須經委員會在充分告知社會公眾並舉行公開聽證會後決定是否通過。

在初始規劃時，委員會已經考慮到「流向未來」（Flowing to the Future）研討會會議成果以及四個州的州長會議形成的方向指引可能會在短期帶來一些重大變化。此外，常規性的「流量需求研究」（Flow Needs Study）工作也可能會導致《綜

合規劃》的重大修訂或重新定位。

2001年7月委員會發布更新後的《綜合規劃》，與1962年版《綜合規劃》相比，新版《綜合規劃》新增特拉華河流域委員會政策《特拉華河流域水利法典》（Delaware River Basin Water Code）、非城市娛樂區（Non-Urban Recreation Areas）、測流站（Stream Gaging Stations）三章內容，並在項目一章中列明已提議水庫項目、現有水庫項目、簽署協定前開展的市政供水及污水處理項目和已通過審批的項目。

## 4.3 特拉華河流域水資源規劃

### 4.3.1 《水資源規劃》概述

1999年9月29日，特拉華河流域委員會通過一項決議，要求委員會制訂新的流域水資源綜合規劃，定期編製環境目標和指標報告，組建一個流域顧問委員會。2004年9月，委員會完成並發布《水資源規劃》。

《水資源規劃》（Water Resources Plan for the Delaware River Basin）的目的是提供可以解決和整改特拉華河流域內水資源的新問題和歷史問題的統一框架。水資源供應和水資源質量的管理不能各自為政。此外，地表水和地下水雖然時空相隔，但屬於同一種資源的兩個方面。有鑒於此，《水資源規劃》強調採用綜合管理法，即要求在決策中考慮到水資源的各個方面。反過來，綜合管理法意味著一系列的決策（不僅是傳統意義上與水資源管理相關的決策）都會影響到水資源。《水資源規劃》確定了未來30年制定政策和管理決策必須遵循的方向，政府部門、私人機構等組織和個人在制定政策、決策與確定優先措施時，應以《水資源規劃》為指導。

《水資源規劃》形成了一個統一框架，可將現有計劃和新計劃納入其中，以達到更好的管理效果。它也會引發新領域的研究和探討，以幫助實現預期結果。在很大程度上，該規劃依賴於各項現有和常規工作的順利開展，包括《特拉華河綜合

保護及管理計劃》以及納入到國家自然與風景河流系統的152英里特拉華河的管理計劃。

### 4.3.2 《水資源規劃》的主要內容

《水資源規劃》第一部分內容是為水資源管理提供依據的一系列指導原則。政策變更及實施規劃目標的行動必須根據指導原則進行評判。該規劃的主要內容分為五個關鍵成果區：可持續利用及供應、運通道管理、水土資源管理、機構協調與合作和教育管理參與。如圖4-1所示。

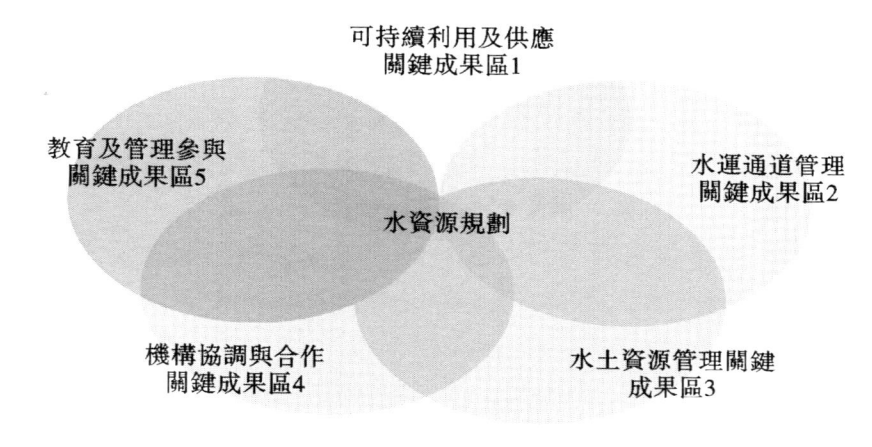

圖4-1 五大關鍵成果區

五大關鍵成果區雖然各不相同，但密切相關。關注五大關鍵成果區對改善水資源管理至關重要。每個關鍵成果區都做出了一項關於「預期成果」的聲明，同時還列明推動流域水資源達到預期成果必須實現的一系列「目標」。五項關鍵成果區涉及的「預期成果」和「目標」見表4-1。

表 4-1

| 關鍵成果區 | 預期成果 | 目標 |
| --- | --- | --- |
| 可持續利用與供應 | 水質量合格，供應充足可靠，能滿足未來30年人類和生態用水需求。 | ①流域水資源有限，要在保護和改善流域狀況以維護或實現生態完整性的情況下，公平、公正地平衡各方對水資源的需求；<br>②確保水質合格的水資源供應充足，能恢復、保護和改善野生動植物資源；<br>③確保水質合格的水資源供應充足，能滿足公眾的水資源需求，滿足家庭用水、農業用水以及發電用水需求等；<br>④確保溪流水量充足，水質合格，能開展相關的娛樂休閒活動。 |
| 水運通道管理 | 水運通道充分發揮作用，最大限度地減少洪災引發生命財產損失，保護洪泛區生態環境，保護自然溪流的穩定，為人類提供休閒娛樂場所，保障水岸生態系統良性發展。 | ①防止或最大程度減少洪水引發生命財產損失，保護洪泛區生態環境；<br>②為人們在特拉華河及其支流上開展水上游憩活動提供更好的環境；<br>③保護和恢復河流水岸生態系統的生物多樣性和良性發展。 |

表4-1(續)

| 關鍵成果區 | 預期成果 | 目標 |
|---|---|---|
| 水土資源管理 | 綜合管理水土資源，保障流域內生命質量；在確保為社會和經濟發展提供水土資源的基礎上，保護、恢復和改善生態資源。 | ①保護和恢復流域的自然水文循環；②維持和恢復高價值水資源景觀的完整性和功能；③在開展土地使用規劃和經濟發展管理時，充分考慮水資源方面的問題；④在保護和改善流域水資源的前提下，在經濟發展可以改進當地社區經濟活力的地區鼓勵人們進行開發和改造工作，但可能破壞水資源及相關自然資源的，要令行禁止；⑤以實物和視覺的方式，強調和加強流域地域社會、歷史、文化、娛樂和經濟活動同流域水運通道的聯通。 |
| 機構協調與合作 | 推動關注可持續水資源管理的各級政府、私營部門、民間組織和個人形成緊密的制度化合作關系，以推進水資源的管理。 | ①加強流域地區水資源管理方面的協調與合作；②加強流域內相關機構、部門和組織之間的數據和信息共享，減少重復建設；③為相關項目的開展提供充足的資源，促進水資源規劃和管理方面的合作；④通過水資源合作，根據《水資源規劃》的指導原則及目標，支持和實施水資源管理；⑤充分發揮特拉華河流域委員會作為區域性政府機構的規劃和監管權，促進協調與合作。 |

表4-1(續)

| 關鍵成果區 | 預期成果 | 目標 |
|---|---|---|
| 教育與管理參與 | 特拉華河流域內社會各界都瞭解流域水資源帶給人們的福音，齊心致力於流域水資源的恢復、改善和保護。流域內社會各界重視水資源，也認識到保護水資源人人有責。 | ①在整個流域範圍內樹立主人翁意識；②提升學生和年輕人對水資源問題的意識和瞭解，推動他們積極參與解決水資源問題；③提升私營部門對水資源問題的意識和瞭解，推動他們積極參與解決水資源問題；④加強地方公務員對水資源問題、需求和管理戰略的意識和瞭解，推動他們積極參與相關工作。 |

　　整個《水資源規劃》都貫穿著綜合管理的理念，這也是《水資源規劃》的主題。綜合管理有助於刺激對大量替代選擇的開發，比傳統單一的資源管理更具成本效益。每個關鍵成果區都有對綜合管理的說明。《水資源規劃》用矩陣表列明實現上述目標需要達成的分享目標，然後列出重要的節點事件、預期成果。矩陣表最右一欄列出各分項目標與眾目標之間的關聯，突出強調水資源管理諸方面之間的關聯性。矩陣表中單一目標與多個分項目標對應，意在提供多種方案，看似互不相關，實則緊密相連。

　　《水資源規劃》提供了一個框架來說明流域管理諸方面相互關聯，特別是水資源與土地資源密切相關，同時也將實現特拉華河流域共同願景的所有措施整合起來。特拉華河流域水域地圖是《水資源規劃》的配套文件，它將流域內的眾多水域歸為多個子流域，再將子流域歸集為多個區域，通過這種方式展現出特拉華河的統一特性。水域集水區都以對水文邊界、地理區域、開發模式和水質數據目前分類的考量為依據。特拉華河流域水域地圖對評估基本條件並勘察其特徵非常有用，可以用來在制定區域性和地方性的具體策略的過程中對不同問題的

重要性進行優選排序，同時建立合作關系以實施計劃。與《水資源規劃》一樣，特拉華河流域水域地圖旨在幫助考量確定水域地點，思考與河流及其支流和水域之間的關系，思考計劃和措施對這些資源的依賴與影響。《水資源規劃》最後一節探討改善水資源管理以及實現該規劃「預期成果」所需採取的行動和措施。

### 4.3.3 《水資源規劃》規定的指導原則

《水資源規劃》提出，為了實施規劃目標採取的行動必須符合以下指導原則：

（1）水是一種寶貴的有限的自然資源，它是我們所有生活不可或缺的一部分，且對生態、經濟和社會環境的福祉至關重要。

（2）各水域之間對水資源的不同分配也為公平合理的分配和利用水資源提出了挑戰。

（3）明智的水資源管理措施要求保護生態完整性和生物多樣性，以確保一個健康的環境；保護動態經濟；保證當代及後代的社會公平。

（4）消除污染的最有效的方式就是防止污染的發生。

（5）綜合管理對達到良好效果至關重要。在制定水資源管理決策時：

- 將水質與水流量和其他資源管理聯繫起來；
- 認識水文、生態、社會及制度系統；
- 認識水域及蓄水層邊界的重要性；
- 避免污染從一個媒介向另一個媒介的轉移，避免不同地點或環境介質產生污染問題；
- 在平衡經濟制約時突破技術可能性。

（6）綜合土地管理對於改善水資源條件十分必要。

- 決策應以完善的科學原理為依據，且應建立在對土地及水資源相互關系認識的基礎之上；
- 有效的綜合管理要求包括聯邦、區域、州即地方在內的

各級政府共同協作制訂規劃；

● 當前的規劃工作可以為改善土地及水資源管理奠定基礎。

（7）無論個人還是集體，通過正確的利用和管理，我們對水資源的管理工作都負有責任。

● 公眾知情度對環境未來的完善至關重要；

● 公私建立合作關系並加強合作，對改進管理成果十分必要；

● 成功的決策框架就是那些足夠靈活可以鼓勵並適用各種創新和新知識的出現。

（8）現行法律結構及法律提供了做出管理決策的框架。

（9）決策應適當考慮現行法律的政策及要求，以及可能會受水資源管理決策影響的個人及實體的合法權利。

（10）制定綜合管理決策的權力在適用時由現行法律賦予，且可以修改或制定新法律。

（11）在持續尊重各州及其政治分支機構的主權時，應利用法律結構在整個流域、水域以及蓄水層範圍內而並非以政治管轄權為基礎，盡可能方便水資源管理工作。

（12）在水資源管理過程中，優選方案及措施是那些結構明晰以考慮並適應且符合：

● 可持續性；

● 可行性；

● 對自然變異的適應性。

### 4.3.4 《水利法典》（Water Code）

《水利法典》收錄《特拉華河流域協定》相關條款和委員會決議，確定了委員會的相關職權。具體如下：

與協定授予委員會的職權有關的所有聯邦、州或地方工程等，應與委員會協商後進行規劃。此外，所有項目必須納入《綜合規劃》方可使用或投入資金開展建設、採購或營運。任何人、企業或政府機構未經委員會批准，不得實施對流域有重

大影響的任何項目，此種項目沒有實質性影響或違背《綜合規劃》的，委員會應予以批准。但委員會認定此種項目實質性影響或違背《綜合規劃》的，可予以否決。

在水資源保護方面，《水利法典》對八個方面做出明確規定，包括減少用水、新老用水戶、規劃、干旱期間減少耗竭性用水、管道家具配件水保護性能標準、漏水檢測和維修、鼓勵保護的零售水定價、水審計。

在水資源分配方面，《水利法典》明確規定委員會在各州之間分配流域水資源時，應遵循公平分配的原則。在旱情緊急時期，用水分配應優先考慮關系居民生活、健康和安全的領域，然後再考慮牲畜飼養的用水需求。此外，《水利法典》還規定在「正常」「干旱預警」和「干旱」等狀況下，各州在分流、水庫放水和流量控制方面應該如何協調操作。例如，在全流域遭遇干旱的情況下，利用弗朗西斯·尤金·沃爾特、普龍普頓、貝茨維爾、藍沼澤、納克米克遜、瓦倫坡派克湖、蒙高普各市的水力發電水庫對紐約市水庫進行干旱管理操作。瓦倫坡派克湖還可以在「干旱預警」工作期間對紐約市水庫進行干旱管理操作。

《水利法典》在第三章確定了詳盡的流域水質標準。此外，它還指出，根據《特拉華河流域協定》，委員會在進行調查研究並發出通知舉行聽證會之後，確定因實施《綜合規劃》有需要的，就可以對防止流域未來水污染和消除現有水污染行使管轄權。污染控制標準應為，在簽約州境內發生的污水排放或工業廢水或者其他廢水引起的污染不得對《綜合規劃》中規定的流域水資源產生不利影響。在聽證會後，委員會可以對流域水資源進行分類，並根據此分類確定污水、工業廢水或其他廢水的處理標準，包括對地表水和地下水可變因素的修正值，如受影響水域的溪流、水流運動、地點、特性、自然淨化及利用。在所述調查、通知及聽證會後，委員會可以制定並隨時修改和廢除規則、法規及標準，以控制所述的未來污染並降

低現有污染；同時要求在必要工程建設所需的合理時間內進行污水、工業廢水或其他廢水的處理，這有利於踐行《綜合規劃》中規定的保護公共健康或節約流域用水資源。

## 5. 特拉華河流域近年來的開發與管理

在特拉華河流域管理委員會及其合作夥伴的共同努力下，該流域管理工作不斷得以推進，且取得了眾多重大成就。

### 5.1 2008年的開發與管理

#### 5.1.1 全流域性管理舉措

● 水資源保護。2008年7月，委員會永久劃定了特拉華河下游區域，《特殊保護水域計劃》(Special Protection Waters Program) 中特拉華河下游區76英里範圍為重要資源水域。

● 防洪。在委員會的援助和國會議員的促成下，委員會改進了防洪預警機制，將聯邦資金中的235,000美元用於美國國家海洋和大氣局與國家氣象局合作，以提高特拉華河流域內的防洪預警，包括評估預測點的降水、流量計算網絡和洪患風險圖。

● 可持續供水。委員會與美國陸軍工程兵團（USACE）完成了一項關於長期供水充分性的研究，它是跨區項目中的一部分，用以提高水資源管理水平。這項全流域工作對各州的規劃工作也是一個有益補充。

● 流量管理。《靈活流量管理計劃》(FFMP) 於2007年10月投入實施。委員會還制定了相應的決策流程，以將FFMP納入《水利法》。

● 改善合作。2008年5月舉行了第二屆聯邦峰會，會議焦點是綜合監控、防洪及供水管理等。

● 環境條件報告。委員會編製了一份包含對流域現狀30

多個環境指標評估結果在內的報告。

### 5.1.2 子流域開發與管理

● 天然氣開採管理計劃。委員會目前正與聯邦、州、跨州的其他管理機構和學術機構合作，以改進對天然氣項目的評估標準。

● 防洪。新澤西州四個郡縣均制訂了防洪計劃。

● 流域管理。幾個年終報告將提出數個流域管理計劃，包括克里斯蒂娜流域管理年終報告、威薩希肯河上游區 SAMP 年終報告以及波科諾（Pocono）研發辦公室年終報告。

● 雨水管理。完成了新澤西州現有監測點雨水管理法規實施的第一階段，以監測並改善水質。

## 5.2 2009 年的開發與管理

● 可持續供水——水流失規定：2009 年 3 月，委員會通過了一項決議，決定修訂《水利法》第二條內容，以改進水資源問責制、提高供水系統效率並跟蹤水流失情況。

● 可持續供水——賓夕法尼亞州水資源計劃：賓夕法尼亞州於 2009 年 3 月通過了新的《州政府水資源計劃》(State Water Plan)（初版為 1983 年）。根據《第 220 號法案》(2002 年)〔Act 220（2002）〕的要求，該規劃對賓夕法尼亞州的未來提出願景，同時說明了行動方案的優先級順序和建議。《州政府水資源計劃》創建的「水資源利用分析工具」可以確定哪些地方的需求大於供應，從而確定該流域賓夕法尼亞州範圍內可能的「重點水資源規劃區域」。

● 保護水質——擬定了特拉華河新的多氯聯苯（PCBs）標準：委員會發布了對現行規定的建議修正案，修訂了符合當前人類健康水質標準的多氯聯苯含量，即第二區至第五區水質管理標準為每升水 16 微克多氯聯苯。還將此標準適用範圍拓展至特拉華灣（第六區），同時提供了需要降低污染物濃度或載荷地區合規進度表的應用。

- 天然氣開採項目——執行董事決議：2009年5月，委員會執行董事 Carol Collier 發表了一項決議。因為與頁岩地層天然氣開採項目相關的取水、廢水處理及其他活動都會對水資源造成潛在威脅，所以決議規定，在未取得委員會批准的情況下，特殊水資源保護流域內不得開始施建任何「項目」。「項目」包含了生產井、井場及所有附屬設施，而僅用於勘探目的的井除外。委員會繼續與其他聯邦政府、州政府及跨州管理機構和學術機構合作，以進一步改善天然氣項目的評估標準。

- 防洪——新澤西州四個郡縣防洪計劃：2008年11月，聯邦緊急事務管理局（FEMA）批准了（新澤西州）亨特頓、默瑟、薩塞克斯和沃倫四個郡縣43個城市的防洪計劃。該計劃包含了160多個地方政府制定的防洪措施，以降低未來洪災損失。參與計劃制訂的合作方包括新澤西州環境保護部、新澤西州緊急事務管理辦公室以及各郡縣及城市官員。社區可以使用該計劃的組成元素作為其多災害管理計劃的一部分。委員會網站上公示了經過聯邦緊急事務管理署批准的《特拉華河流域新澤西州非潮汐河段城市跨區防洪計劃》（Multi-jurisdictional Flood Mitigation Plan for Municipalities in the Non-tidal, New Jersey Section of the Delaware River Basin）。

- 環境條件報告——特拉華大學提交的指導性技術報告及特拉華河合作組織制定的河流現狀報告得以公布。報告中運用了37項指標來評估該流域內水文、水質、生物資源及地形條件。

## 5.3 2010年的開發與管理

- 頁岩地層天然氣開採。瑪西拉頁岩位於水域1/3以下位置，包括主要被森林植被覆蓋的流域上游。預計該地層將通過水力壓裂法產出豐富的天然氣。2008年，天然氣開採一開始是作為流域問題出現的，而在過去的幾年中愈來愈為民眾所關注。隨著與州政府/聯邦政府機構合作夥伴進行持續討論，委

員會在這個問題上所發揮的作用越來越大。2010 年 5 月，委員會要求其員工起草特拉華河流域頁岩地層天然氣井場項目的相關法規。他們還宣布，一旦新法規頒布，將考慮具體的天然氣井場應用，但是，擬用於天然氣開採的抽水作業評估將根據現行委員會法規繼續實施。

● 《靈活流量管理計劃》（FFMP）。一位高級官員稱：「FFMP 解決了如何有效管理水資源流量的難題」。

● 特拉華河流域洪災分析模型。包括 DRBC、美國陸軍工程兵團水文工程中心（USACE Hydrologic Engineering Center）、美國地質勘探局（USGS）及美國國家海洋和大氣局（NOAA）與國家氣象局（National Weather Service）在內的一個多機構參與的小組制定了一個完整的洪災分析模型，以評估各大水庫運行備用方案對下游防洪的影響和效果。2009 年 12 月，模型結果提交至特拉華河流域跨州防洪任務特別小組。模擬實驗表明，通過現有水庫營運變化而實現的額外防洪量是高度變化的，且取決於發生暴風雨事件（時間、強度、道路）的當地地形及渠道配置、當地徑流作用和前提條件。

● 泛濫平原法規（Floodplain Regulations）。2009 年 10 月，洪災諮詢委員會（FAC）向委員會提交了一份報告，該報告是關於委員會和 FAC 共同制定的特拉華河流域泛濫平原法規。該報告評估了流域四大州的泛濫平原法規，且包含了對泛濫平原更有效的建議。

● 泛洪地圖。特拉華河沿線的五大地點是由美國陸軍工程兵團編製的首批泛洪地圖，且在美國國家海洋和大氣局國家氣象局大西洋中部地區高級水文預測服務門戶網站上公示。地圖使用者可以展開泛洪地圖查看從小規模泛洪到最大可監測泛洪各個級別的泛洪情況。

● 特拉華河口毒性標準（Toxic Criteria Proposed for the Delaware Estuary）更新。委員會發布了《水質法規》《水利法》和《綜合規劃》的修改建議，以升級保護人類健康及水

生生物的特拉華河及特拉華灣有毒污染物的溪流質量目標（水質標準）。這些修改使委員會的有毒污染物標準符合 EPA 發布的現行指導原則，同時為特拉華河主幹道潮汐的管理提供了統一的管理框架。

• 「綠色城市，清潔水源」。費城水利部門在實施其《合流污水溢流長期控制規劃》（CSO Long Term Control Plan）的過程中又邁出了重要一步。該規劃建設期 25 年，總投資 20 億美元，旨在通過新制定的管理備選方案來再次創造全新的基礎設施建設理念，以確保生活污水排放的截流及處理，同時降低合流污水溢流的排放。美國公共工程處並非秘密加大資金投入，而是通過建造貯水池及隧道來提高污水系統處理能力，通過加強水源控制及綠色基礎設施建設等讓這些投入資金獲得回報，從而創建了一個更加可持續發展的城市。

• 健康森林，健康水域。平肖研究所收到了美國林業及社區基金會（U. S. Endowment for Forestry and Communities）贊助的 190 萬美元經費。該資金提供給公共水資源合作組織（CWP），以資助將特拉華河上游水域水資源的生產者和消費者相互聯繫起來的工作。

• 特拉華河潮汐國家休閒娛樂區計劃。賓夕法尼亞州環境委員會向 60 多個特拉華流域組織和機構簡要說明了其計劃將潮汐河段規劃為國家休閒娛樂區。該計劃一旦取得美國國會批准，將成立一個國家公園管理局（NPS）的下屬區域，該區域從特倫頓市、新澤西州綿延特拉華市，共計 72 英里。

## 5.4 2011 年的開發與管理

### 5.4.1 多機構協同開採頁岩地層天然氣

瑪西拉頁岩天然氣開採持續成為聯邦政府機構及州政府機構關注的焦點，也引起了公眾日益激烈的爭議。

委員會及州政府機構協作，共同解決水力壓裂法及許可等諸多方面的問題。DRBC 於 2010 年 12 月發表了一份法規草

案，擬在天然氣開發及操作的所有階段保護流域水資源，包括任何天然氣井選址、施工或使用、抽水、井場活動及廢水處理活動。2011年2月在賓夕法尼亞州洪斯代爾、紐約州利伯蒂和新澤西州特倫頓等地舉辦了六次公開聽證會。

紐約州的工作：2011年9月，紐約州環境保護部（NY-DEC）發表了《一般環境影響聲明補充草案初步修訂》（SGEIS），解決了瑪西拉頁岩天然氣開採所需的必要條件問題。最終聲明將適用全州，除了該部門規定的天然氣地面開採範圍以外的區域，還包括與紐約市及錫拉庫扎未過濾水資源供應相關水域以及重新造林區域、野生生物管理區域、州立公園、州政府規定的主要含水層。修訂後的SGEIS提高了目前氣井選址、廢水及其他加工材料的存儲、處置和監測、化學品泄漏及其他環境管理的要求。

賓夕法尼亞州的工作：該州的環境質量委員會通過了法規修正案，規定了總溶解固體量（TDS）的限制範圍、防止了侵蝕、改進了泥沙控制，還採取其他措施保護水質並加強天然氣開採管理。

聯邦政府的行動：美國環保署向聯邦科學顧問委員會（SAB）提交了一份《水力壓裂法對飲用水產生的潛在影響研究草案》(Draft Plan to Study Potential Drinking Water Impacts of Hydraulic Fracturing) 審議。該項研究旨在分析完整的「水力壓裂法的水生命週期」，即從抽水和蓄水到添加壓裂化學品、到壓裂過程、再到已注入壓裂液的回收、儲存和處置。SAB對草案做出批復後，美國環保署將把批復意見納入研究草案，然後啟動研究。

2011年5月5日，美國能源部顧問委員會天然氣小組委員會提供了一份關於提高頁岩地層水力壓裂法安全及環境性能的建議。小組委員會的工作目標是，在90天的時間內，確定短期措施來提高天然氣開採水力壓裂法安全和環境性能，並在6個月內向相關機構提出有關頁岩開採實施建議，以保護公共

健康及環境。天然氣小組委員會於 2011 年 8 月 11 日提交了一份 90 天中期報告，在 2011 年 11 月 8 日提交了最終報告。在針對頁岩天然氣公司及其監管部門的眾多建議中，關注水資源的建議包括以下幾個方面：

● 系統方法的採用，包括天然氣生產流程每一階段的測量、跟蹤及信息披露；氣井開發及建設的最佳實踐運用，包括關鍵階段的檢查、微震調查及泄漏探測的實地研究。

● 對社區、土地利用、野生生物及生態短期及長期累積影響的管理，以及對多個活動綜合效果的關注；通過水資源利用的水域範圍評估、減少基礎設施建設實現的頁岩開發、對技術上確認的超出開採範圍及輔助基礎設施建設以外的獨特區域或敏感區域的鑑別；有效實地監測的確立和社區及土地利用累積影響的評估。

5.4.2 流量管理：新的暴洪監測及預報

2011 年 5 月 31 日，紐約州、賓夕法尼亞州、新澤西州、特拉華州及紐約市共同宣布一項為期一年的協議，確定了用以保護紐約市至特拉華流域水庫下游區的魚類棲息地、加強防洪管理及阻止特拉華河上游鹹水的全新流量計劃。協議將通過新營運輔助工具（OST）來更好地利用水庫內的共享水資源。該工具應精密的監控和模擬系統，可以幫助法令當方（流域四大洲及紐約市）更好地管理一個水庫體系和流域內的水流。這一新工具可以更好地預測具體水庫的蓄水等級、質量和流入量，並指導三大水庫如何向特拉華河排水。在紐約州環境保護部和賓夕法尼亞州漁業及船業委員會（Pennsylvania Fish and Boat Commission）於 2010 年 1 月共同發表有關建議報告之後，協議確定了水排放速度模型。

5.4.3 清潔水：健康社區及健康環境基礎

環境質量委員會（Council for Environmental Quality）以及美國環保署（EPA）、陸軍工程兵團、農業部及內政部於 2011 年 4 月共同聯合發布《清潔水：健康社區及健康環境基礎》。

這是旨在保護並恢復國家水資源的計劃，它包含對《清潔水法案》管轄權指南草案的更新，以及聯邦政府水資源投資原則及指導方針，預測了即將面臨的挑戰，如供應資源的衰減、土地及水域的斷裂、魚類的流失以及氣候變化等。聯邦四大機構的公共水資源目標為：確保水質及公共健康；建立新型合作關系；通過重建水道加強社區及經濟建設；促進節水社區建設；增加娛樂用水；更新水利政策；更好地利用水利技術。

### 5.4.4 來自基金的流域保護計劃

國家魚類及野生動物基金會（National Fish and Wildlife Foundation）撥給大自然保護協會（TNC）475,000美元的基金，以確定特拉華河流域及河口的優先保護區域。根據現有數據，該項目編製了子流域級別的優先保護區地圖，並制定了適用於水域級別的保護策略。大自然保護協會四大流域內各州分部以及特拉華河自然土地資源信用組織和關鍵機構、股東等合作，共同出資，開展了對區域條件的初步評估。通過對目前生物多樣性和生態價值的空間分析，確定了淡水資源、河口資源及海洋貝類資源的優先級。

## 5.5 2012年的開發與管理

### 5.5.1 多機構繼續協同開採頁岩地層天然氣

委員會於2011年11月8日發布了《天然氣法規》（Natural Gas Regulations）修訂案，還審查評估了法規初版（於2010年12月9日發布）收到的68,000多條評論。同時，委員會還制訂了基本水質抽樣計劃，在開發在線應用基礎設施建設方面取得了重大進展，並開始編製與天然氣相關的指導文件。威廉姆佩恩基金會（William Penn Foundation）向委員會提供了一筆基金用於開發以地理信息系統為基礎的決策工具，以評估試行條例中規定的天然氣開發計劃。

紐約州的工作：2011年9月7日，紐約州環境保護部（NYDEC）發表了《一般環境影響聲明補充草案初步修訂》

(SGEIS),解決了瑪西拉頁岩天然氣開採所需的必要條件問題。對 SGEIS 修訂草案的公共評論期已於 2012 年 1 月 11 日結束。

賓夕法尼亞州的工作：2012 年 2 月 14 日，州長 Corbett 簽署了《2012 年第 13 號法案》，修正了《賓夕法尼亞州綜合法規》(Pennsylvania Consolidated Statutes) 中第 59 篇（石油及天然氣）的內容，部分規定簽署則即可生效，而其他規定已於 2012 年 4 月 14 日生效實施。修正案規定了非常規氣井評估及採集的新氣井收費標準；地上及地下活動環節保護的重大修訂，包括增加水資源保護的提高了水資源保護工程的退讓要求；對地方政府限制要求，限制不包括州政府要求對石油及天然氣開採活動或者對其他商業及工業活動施加徵稅負擔的權利。2012 年 8 月，發表了一份概念性文件，明確了符合法令修正案第 78 章的變更。

### 5.5.2 流域內生態系統保護優先級

大自然保護協會（Nature Conservancy）、特拉華河口合作組織（Partnership for the Delaware Estuary）及自然土地資源信用組織（Natural Lands Trust）評估並鑒定了五大生態系統類型的優先級，包括：62 個泛濫平原綜合設施、49%的流域河源溪流網絡、56 個淡水潮汐沼澤和所有含鹽及鹽沼系統以及優先級牡蠣及肋貝棲息地。11 種建議及恢復策略構建了支持輔助方案的藍圖，並調節了資金投入，以確保流域內生態系統的長期生存能力和健康度。項目在國家魚類及野生生物基金會資金的支持下順利完成。

### 5.5.3 水資源智能利用（WaterSMART）計劃

由美國國會制定的 WaterSMART 計劃旨在解決人類、經濟和環境當前及未來的水資源可利用性問題。特拉華河流域成為開發並測試相關方法，以將供水特色化。開發流域內的降雨/徑流模型將會被開發出來，以用於評估未來水資源及土地資源如何利用的問題。氣候條件也很影響流域內的流速及流水量。

美國地質調查局將提出生態需求。同時，委員會也將編製商業用水、工業用水及農業用水的預算。

### 5.5.4 靈活流量管理

「誠信協議」的當事各方，即流域內四大州及紐約市（NYC）達成一致，簽署了對現行《靈活流量管理計劃》（FFMP）一年延長期的約定，以滿足供水需求，保護紐約市水庫下游區的魚類棲息地，預防洪災並維持特拉華河現有的鹽水線。根據FFMP以及國家氣象局對流入量的預測，在8月下旬艾琳颶風及9月上旬熱帶風暴「里伊」來臨之前應進行水庫排水。

FFMP要求，在艾琳颶風期間，當下游區達到洪水位時應減少排水；從8月31日到9月5日，應增加排放至其最高流量，而在熱帶風暴「里伊」預期的降雨及徑流來臨之前應減少蓄水量。根據艾琳颶風及熱帶風暴「里伊」的初步監測數據，特倫頓市處的特拉華河水域已分別達到其歷史記錄的第17次高峰及第19次高峰。

### 5.5.5 部門對流域上游水質的鑒定

針對24個組織機構和150位公民提出的請求，賓夕法尼亞州環境質量委員會投票決議，允許對特拉華河流域上游及其支流的水質進行進一步研究，以便為將水質升級為「傑出值」（Exceptional Value）奠定基礎。

### 5.5.6 環境決策輔助工具的開發

在威廉姆佩恩基金會提供的65萬美元的支持下，委員會正在開發一項基於地理信息系統的決策輔助工具（DST）。該工具匯集了高價值水資源規劃的所有基礎層面，可以實現大規模天然氣開發前的評估。《國家農業部影像計劃》（National Agriculture Imagery Program）提供的高分辨率影像、光探測及測距（LiDAR）的評估信息數據集由佛蒙特州立大學空間分析實驗室進行評估，以為八個河源上游區域繪製高分辨率土地覆蓋圖。委員會還將繪製出具有90%以上精確度的重點「核心森

林區」。美國地質勘探局（USGS）已簽訂合約，確定了瑪西拉頁岩下方區域的一級和二級河流集水區（河源上游）。決策輔助工具將通過門戶網站進行評估，基本數據也將公示。

5.5.7 特拉華河口及流域環境條件報告

特拉華州、新澤西州、賓夕法尼亞州、委員會和聯邦政府機構的環境科學家們合作兩年後，特拉華河合作組織發表了一份《特拉華河口及流域技術報告》（TREB）。這篇長達 255 頁的評估報告旨在讓讀者更加瞭解擁有大約 640 萬人口的特拉華河流域自然資源選擇的現狀和趨勢。有五十多項關鍵指標被用於測量環境條件及衡量未來需求。

## 5.6 2013 年的開發與管理

2013 年的主要成就仍然是多機構協同開採頁岩地層天然氣。如何最大化降低流域下方深處頁岩地層天然氣儲量開發對水資源帶來的潛在影響仍是委員會重點關注的一個問題。雖然委員會於 2011 年 11 月 8 日發布的《天然氣開採法規》（Natural Gas Development Regulations）仍停留在草案階段，但是委員們本著誠信善意原則，對流域內頁岩天然氣開發的方式表示願意達成共識。在 2013 財政年度期間，委員們、員工及成員機構持續評估已就頁岩天然氣開發及水資源課題發布新的科學研究；參考聯邦和州政府機構施行或提議的新法規和最佳管理措施；利用這些模型制定針對天然氣開發管理，以保護流域內共享水資源的最低標準；根據 2010 年開始實施的計劃執行水質和水量監測；研發可以評估土地開發對水資源影響的工具，以利公布規劃並評估影響。在各方合作夥伴的資金支持下，已繪製出流域上游區最新地圖，包括高分辨率森林覆蓋圖（佛蒙特大學）、含水濕土及高侵蝕地貌（NRCS）、河濱走廊以及上游源頭水域（USGS）。

紐約州的工作：2013 年 2 月，紐約州健康委員會宣布，完成公共健康水力壓裂法研究評估需要更多時間。延遲了

《紐約一般環境影響聲明補充草案修訂》(SGEIS) 的宣布時間，將對水力壓裂法對公共健康帶來的影響的獨立研究結論暫緩。修訂後的 SGEIS 草案提高了目前氣井選址、廢水及其他加工材料的存儲、處置和監測、化學品泄漏及其他環境管理的要求。紐約州政府自 2008 年起已暫停大量使用水力壓裂工藝。

賓夕法尼亞州的工作：2012 年 10 月，賓夕法尼亞州最高法院就《第 13 號法案》有關規定的合憲性進行了討論，這些規定限制了市政府在管理開採鑽探方面發揮的職責和作用，如何時何地施工等。2011 年 7 月，聯邦法院認定這些規定違反憲法。2013 年 8 月，環境質量委員會以 16 比 2 的投票率批准了強化與石油及天然氣開採活動相關的環境保護執行標準的修改建議，允許開始根據法律草案制定規章制度。

聯邦政府的行動：

• 應美國國會要求，美國環保署（EPA）正在開展一項關於 18 個獨立科研項目的研究，以更好地瞭解水力壓裂法對地下飲用水資源帶來的潛在影響。研究範圍包括水力壓裂法處理水資源的整個水生命週期。在開展所述研究時，美國能源部（DOE）與美國環保署建立了密切合作。

• 美國能源部通過國家能源技術實驗室（NETL）也正在與內政部建立合作關係，以加強對風險的認知和瞭解。

• 美國地質勘探局 2011 年對特拉華河流域及薩斯奎哈納流域內基準地下水質的研究、氯氣和甲烷的分析、水文地質評估以及天然氣開採相關的其他地貌及水資源影響進行了評估。

## 5.7 2014 年的開發與管理

多氯聯苯（PCBs）屬於合成有機化學品，在環境中可以存在幾十年，降解緩慢，通過水及魚類消耗而在活組織內累積，且會危及人類及水生生物和野生生物。雖然自 1979 年起就禁止使用，但它們仍然是一項普遍存在的威脅，且是特拉華河流域五大水質區（第二區至第六區）（從特倫頓感潮區上游

至特拉華灣口）公認的損害來源。2003年12月，委員會制定了第一階段多氯聯苯最大日負荷總量（TMDLs）標準，由美國環保署第二區和第三區確定，它要求監測、開發並實施關於定點來源排放的《污染最小化計劃》（PMPs）。截至2011年，定點來源負荷降低了46%。

2013年，美國環保署綜合風險信息系統（Integrated Risk Information System）中報告了來自多氯聯苯總量致癌因素變化、特定區域生物累積因素及魚類單位消耗量，委員會根據此報告通過了一項特拉華河流域多氯聯苯總量人類健康標準修訂案。第二階段的多氯聯苯最大日負荷總量將由委員會與州政府根據已修訂的水質標準合作制定，以使環保署第二區和第三區能夠確立。同時還將修訂實施策略，並對最大日負荷總量進行更新。

截至2014年，在全美國及流域範圍內，水質有了明顯改善。

## 6. 管理經驗總結

### 6.1 專門的流域立法

專門的流域立法能夠明確特拉華河流域管理委員會的法律地位、職權劃分以及與其他流域管理機構的配合協調機制等，為特拉華河流域管理委員會順利開展工作提供了法律依據。協定是在平等協商的基礎上簽訂的具有法律效力的文件，所有簽字方都必須嚴格遵守。協定對特拉華河流域管理委員會的構成、職能、資金來源、議事規則等事項都做了明確的規定，具有很強的可操作性。

同時，它還規定了特拉華河流域管理委員會與州政府之間的工作協調機制，以及職能衝突的解決辦法，為解決特拉華河流域

管理委員會與地方政府在流域管理相關事項的協調提供了依據。

## 6.2 議會式的機構設置

流域一般都跨越數個行政區域，在流域資源作為共有資源的前提下，各行政區域都在實現己方利益的最大化，從而可能造成流域資源配置上的失當。特拉華河流域管理委員會採取的議會式的機構設置成功地解決了這些問題，委員來自聯邦代表和4個州的行政長官，分別代表了5方利益。在特拉華河流域管理委員會的管理活動中，各方通過協商或投票表決來解決管理中的問題。特拉華河流域管理委員會經過充分協商後，確定各州的管理目標，在實施過程中州長可以發揮協調州內各部門的作用。

## 6.3 特拉華河流域管理委員會與其他相關機構間的管理機制

特拉華河流域管理委員會和各簽字州之間是統一管理與分散管理相結合的管理機制。在職能劃分上，特拉華河流域管理委員會是統一的管理機構，它的主要職責在於對水質保護、水量分配、許可審查、水土保持、干旱管理、水災控制、娛樂管理等方面的統一規劃、監督和管理，形成全流域統一的管理目標。各簽字州政府的職能部門則根據特拉華河流域管理委員會提出的管理目標，做好配合工作，保證其行政區域內部管理目標的實現。各州在平等的基礎上，共同協商形成統一的流域管理目標，該管理目標能夠對地方政府產生有效的牽制。

## 6.4 廣泛的公眾參與

委員會所做的決議要在多個地點舉行聽證會，事先發公告，邀請有興趣者參加，盡量讓公眾瞭解決議的正確性。公眾可以反應問題和看法，委員會有責任向公眾解釋委員會的做法及其背景。這表現了特拉華河流域委員會是一個開放性機構，這是該機構獲得成功的原因之一。

# 第四章

# 莱茵河流域管理案例

# 1. 萊茵河概況

萊茵河作為曾經的凱爾特人、羅馬人的生息之地，具有重要歷史意義和悠久文化傳統。它是西歐最大的河流，是歐洲最重要的內陸河道。萊茵河全長1,232千米，流域面積（包括三角洲）超過220,000平方千米，居住著4種不同語言的民族，流域人口約5,400萬，有2,000萬人以萊茵河作為水源。

河道發源於瑞士境內的阿爾卑斯山北麓，西北流經列支敦士登、奧地利、法國、德國和荷蘭，最後在鹿特丹港附近注入北海（Northsea）。從河源到瑞士工業城市巴塞爾（Basel）被稱為萊茵河上游，河谷狹窄，河床坡度較大，河流水量十分豐富，徑流系數達到75%，阿爾河（Aare）為主要支流。巴塞爾到德國波恩（Bonn）為萊茵河中游，主要支流包括內卡河（Neckar）、美茵河（Main）和摩澤爾河（Mosel）。右岸支流內卡河和美茵河以融雪補給為主，春末漲水，夏季枯水。左岸支流摩澤爾河流域秋冬多雨，中遊地區秋冬流量仍較為豐富。波恩以下為萊茵河下游，流經德國西部平原和荷蘭低地，河流坡度較小，秋冬降水較多，又受上、中遊水量的調節、補充，以及接納魯爾河（Ruhr）、利伯河（Lippe）等右岸支流，因而萊茵河下游水量豐富，水位穩定，河口地區年平均流量為2,500立方米/秒。

萊茵河也是世界上最重要的工業運輸大動脈之一，沿岸矗立著許多古老而聞名的港口城市，如：瑞士的巴塞爾（Basel），法國的斯特拉斯堡（Strasbourg），德國的沃爾姆斯（Worms）、美因兹（Mainz）、科隆（Cologne）等。

2002年萊茵河被遴選列入《世界遺產目錄》，它作為一條大河的地位非同一般，在人類文明史中更有著光耀而顯赫的地位。萊茵河同世界上孕育了人類文明的大河一樣，是成就歐洲

文明乃至整個西方文明的一個重要源頭，塑造了歐洲的兩個偉大民族——德意志和法蘭西。

## 2. 萊茵河的開發歷史

自古萊茵河就是歐洲交通最繁忙的水上通道。在19世紀以前，該河多裝運價值昂貴而體積較小的貨物，自1815年維也納會議以來，大力發展航運，沿江修建碼頭、鐵路和公路等基礎設施，萊茵河已成為國際航運水道，干流通航里程遠至瑞士—德國邊境上的萊茵費爾登（Rheinfelden），達869千米，其中可航行萬噸海輪的里程約700千米，德荷邊界年過船約1.5萬艘，貨運量超過1.8億噸；運河相連著各條支流，也連接到歐洲重要水域塞納河、多瑙河等，從而形成暢通便捷的內河運輸網，這使得萊茵河流域成為重要的國際航運水道。

長期以來，沿萊茵河干流形成世界聞名的六大工業基地：①巴塞爾—米盧斯—弗萊堡工業區（Basel-Mulhouse-Freiburg），主要以金屬加工、化工、食品及紡織業為主；②斯特拉斯堡工業區，主要從事食品、造紙、紡織和金屬加工；③萊茵-內卡（Rhein-Neckar）工業區，以化工為主；④萊茵—美茵河谷（Rhine-MainVally），氣候溫和、日照強，是著名的葡萄酒產區；⑤科隆—魯爾（Cologne-Ruhr）工業區，是重要的石油化工工業、精煉廠、金屬加工、汽車製造、重要服務區和商業中心；⑥鹿特丹—歐洲港區（Rotterdam-Europort），以精煉廠、造船、化工、金屬加工出名，也是重要的歐洲服務區。萊茵河下游地區還有比利時的沙城工業區、法國的洛林工業區等，這些大工業區都曾起過舉足輕重的作用。

萊茵河不僅為流域內5,400萬人口提供生活用水，還保障了流域內工業取水、農業灌溉用水，促進了沿途工農業的發展。萊茵河汛期長，水量豐富，運費低廉，有助於降低原料運

輸成本，是萊茵河成為工業生產區主軸線的主因。據報導，現在世界化工產品約有 1/5 產自萊茵河沿岸。

除此之外，萊茵河沿岸美景如畫，風光迷人，遊客如織，自古以來就是旅遊勝地。萊茵河上游沿岸風景如畫，遍布高山、雪峰、草場、森林，建有許多風景區。從科隆到美因茨近 200 千米的河段是萊茵河景色最迷人的地方：河道蜿蜒曲折，河水清澈見底，人們泛舟河上，舉目遠眺，兩岸美景目不暇接，層次錯落有序的葡萄園鬱鬱蔥蔥、綿延千里，一座座以桁架建築而引人注目的小城點綴在這青山綠水之中。萊茵河兩岸有許多古老而重要的城市，如美因茨、科布倫茨、波恩、諾伊斯和科隆等，原本都是從軍事基地演變為貿易場所進而發展成為現代化城市的。萊茵河兩岸至今仍保留著五十多座城堡、宮殿的遺址，每一座古堡都述說著勇者們氣吞山河的豐功偉績及浪漫多姿的兒女情長的故事。

## 3. 環境變遷

### 3.1 萊茵河水質污染

然而，自 19 世紀中葉以來，隨著萊茵河沿岸人口增長和工業化進程加速，河流中的生活廢水、工業廢水越來越多，氯負荷迅速增加，水污染問題日益尖銳。二戰期間，萊茵河流域生態系統遭到嚴重破壞，萊茵河沿岸約 50%的森林被毀，水土嚴重流失，河道淤積成災。二戰後，萊茵河流域各國大力重建和修復經濟，大興土木，修建房屋和交通破壞了很大面積的植被土地，工業化進程再度加速，污染進一步加重。萊茵河水體污染主要以工業污染為主，尤其重金屬負荷非常高。氮磷污染問題也很突出。到 20 世紀 50 年代末，萊茵河水質開始嚴重變差。據估計，僅在德國段就有約 300 家工廠把大量的酸、漂

液、染料、銅、鎘、汞、去污劑、殺蟲劑等上千種污染物傾倒入河中。此外，萊茵河中輪船排出的廢油、萊茵河兩岸居民倒入的污水、廢渣以及農場的化肥、農藥，使水質遭到嚴重的污染。萊茵河水中的各種有害物質達 1,000 種以上。廢水、廢氣、廢物劇增，魚類數量急遽下降，特別是珍貴的鮭魚種類瀕臨滅絕，水生動物區系種類數量大幅度減少，種類譜系以耐污種類為主。

據報導，20 世紀 60 年代中期，河水的化學需氧量 COD 為 30～130mg/L，BOD5 為 5～15mg/L，DO<1mg/L，萊茵河中以往常見的生物物種差不多消失殆盡。20 世紀 70 年代，大量未經處理的城市和工業污廢水、萊茵河兩岸居民倒入的廢渣、輪船廢油及化肥農藥等注入萊茵河中，僅德國段就有 300 家工廠將上千種污染物傾倒入河中，對河流生態系統造成嚴重破壞。1972 年污染最為嚴重，美因茲市河段 COD 為 30～130 mg/L，BOD 為 5～15m/L，達到了峰值，DO 接近於零，河流水體幾乎完全喪失自淨能力。20 世紀 70 年代中後期 BOD 開始穩步下降，20 世紀 80 年代減少至 3mg/L 以下，20 世紀 90 年代後維持在 2mg/L 以下。20 世紀 60 年代中期和 70 年代初氨氮出現了兩次污染高峰，超過了 3.3mg/L，20 世紀 70 年代中後期逐步減少，2000 年以後一直保持在 0.1m/L 以下。總磷從 1973 年的 1.1mg/L 減少到 2000 年的 0.6mg/L，削減率達到 85.4%。與此同時，法國境內阿爾卑斯山伴隨鉀鹽礦開採，大量副產品一氯化鈉傾倒入河中，使水體氯化物含量超標。河流水質污染、河水含鹽度的增加直接影響到下游的荷蘭，而且荷蘭本身也受到北海鹽水入侵的影響，土地鹽漬化問題日益凸顯。

### 3.2 水環境的惡化

從 20 世紀 20 年代開始，萊茵河的生態環境遭受工業和戰爭的雙重重創，日益惡化。到 20 世紀 70 年代，生態環境的破壞、污染程度已經發展成一種災難了，萊茵河已經成為一條真

正的毒河，河水中有毒物質含量是正常值的 200 多倍，導致沒有任何生物可以存活。空氣污染嚴重，魯爾地區即使在白天，能見度也極低，甚至連樹木也被染成煤灰色，大量廢氣未經處理直接排入大氣，使大氣環境顯著下降，從而誘發大量呼吸道疾患。大量廢物垃圾到處堆放，蚊蠅遍地，嚴重影響了人們的正常生活。

到 1971 年，萊茵河含氧量下降到歷史最低水平，魚類大量死亡，德國中部美茵茨河支流匯入萊茵河的河口到科隆段大約 200 千米的河道魚類消失。秋季低水時期，耗氧污水和有毒物質污染非常嚴重，由於缺氧，所有水生生物均從被污染的德荷邊界河段絕跡。

生態環境的退化除了源於河道污染外，過多的人類活動也占了很大因素。長期以來萊茵河干流、支流捕漁業十分發達，尤其鮭魚產量豐富，據報導 1885 年捕撈量曾達到 25 萬條。但在 18 世紀與 19 世紀之交，由於水力發電站在河流干支流上大量興建、航運迅猛發展和河道渠化，魚類等水生物種生存空間大大減少；同時，作為工業化產物的大量機械工具過度捕撈，使得魚類等水生生物數量大大減少。萊茵河流域內大量興建的水利設施如堰、堤壩等使親魚不可能洄遊到其產卵區，堰、壩形成的高水位也改變了產卵區的水流速度和泥沙沉積條件，影響了魚類的洄遊繁殖及幼小魚苗的生長。接下來，由於摩澤爾河段的渠化和阿爾薩斯大運河的修建，僅存的位於瑞士邊界的巴塞爾上游和摩澤爾河的為數不多的產卵區也被完全破壞掉了。荷蘭三角洲工程——封閉須德海（Southern Sea）的建設以及下萊茵河和馬斯河（Mars）的渠化，更阻止了魚類的洄遊，至 1940 年鮭魚幾乎從全萊茵河流域絕跡。

### 3.3　日益凸顯的洪水災害

萊茵河流域一直深受洪水災害威脅，先後於 1882—1883 年、1982 年、1988 年、1993 年和 1995 年發生了五次流域性大

洪水。1993年和1995年的洪水淹沒了萊茵河沿岸許多城市。1995年的洪水衝毀了荷蘭的沿河大堤,約25萬人被迫遷移,洪水造成的損失高達數十億歐元。頻發的洪水災害使人們清楚地認識到:洪水雖是一種自然事件,但人們必須不斷認識瞭解它的行為和影響。道路建設、房屋對沿河地區土地的侵占,過多的人類活動對河流自然特性的干預,以及流域內土地使用方式的改變,這些都進一步增加了萊茵河洪水泛濫的危險。城市的擴張和河道改造破壞了衝積平原區的結構,使得流域防禦洪災的能力降低了,增加了下游地區洪災風險。儘管目前萊茵河生態系統大部分河段和主要支流的生態結構與特性改變了很多,僅有部分河段保留了原有的自然狀態,其自然防洪特性遠不如從前。而且,全球氣候變暖增加了河流冬天的流量,也降低了河流夏天的流量,洪水發生的時間和特性也隨之發生了改變,洪水和旱災發生也更頻繁,其強度也更大,對萊茵河水管理產生了明顯的影響。

## 3.4 桑多茲公司污染事故

### 3.4.1 事件概況

深受水污染之苦的萊茵河曾一度被稱為「歐洲下水道」「歐洲公共廁所」,可見污染之嚴重。令萊茵河污染雪上加霜的是由瑞士巴塞爾市桑多茲(Sandoz)化工廠大火引發的萊茵河污染事件。

巴塞爾坐落於萊茵河灣與德法兩國交界處,是瑞士第二大城市,同時也是瑞士化學工業中心,瑞士3大化工集團都集中在該市。1986年11月1日深夜,位於巴塞爾附近施韋策哈勒(Schweizerhalle)的桑多茲公司一間化學品倉庫突發火災,裝有大約1,250噸劇毒農藥的化工鋼罐爆炸。在救火過程中,硫、磷、汞等有毒物質隨著大量的滅火用水流入下水道,直接排入萊茵河。從滅火消防水流入萊茵河的地方開始,有毒物質使萊茵河水變紅,形成長約70千米的微紅色飄帶,以時速4

千米左右緩慢流向下游，萊茵河中的污染水波順河而下，11月1日清晨波及法國邊界，於11月9日抵達了荷蘭邊界。當時火災發生後，政府只瞭解到是一家化工廠的倉庫著火了，但無人知曉倉庫裡究竟存放了什麼物品和有沒有危險品。桑多茲公司事後承認，共約有1,246噸各種化工用品被撲火用水直接衝入萊茵河，其中包括大約824噸殺蟲劑、39噸除菌劑、4噸溶劑、12噸有機汞和71噸除草劑等。第二天，化工廠用塑料塞堵下水道，不幸的是8天後，塑料塞子由於水的壓力脫落，有幾十噸有毒物質再次流入萊茵河後，造成第二次污染。緊接著11月21日，由於位於德國巴登市的一家苯胺和蘇打化學公司的冷卻系統遇到故障，又有2噸農藥流入萊茵河，萊茵河水含毒量超標高達200倍。

遺憾的是，事故發生後瑞士當局和瑞士警報辦公室僅僅利用地方預警系統，通過電話通知了處於其下游的德國和法國政府，並沒有啓動國際預警系統，甚至也沒有發電報通報。萊茵河下游監測站未能及時獲悉關於事故的任何信息，因此，直到兩天後瑞士政府正式通知國際監測站之前，位於斯特拉斯堡和巴塞爾之間的萊茵河左岸河閘都未能及時關閉，導致污水直達萊茵河下游地區。

幸運的是，這場大火引發的水污染引起了德國沿岸各電視臺的關注報導，因而才使德國政府和萊茵河右岸企業能夠及時關閉河閘，限制或暫停取水。污染事故的警報傳向萊茵河下游的瑞士、德國、法國和荷蘭四國沿岸城市，在被污染水體通過時，沿河自來水廠和其他用水的取水口都被關閉了，而改用汽車向居民來定量供水。荷蘭開啓了下萊茵河和萊克河大壩的水閘，以便使受污染的水體能盡快流入北海。

1986年12月19日法國環境部長要求瑞士政府為污染賠償3,800萬美元用以補償航運和漁業遭受的短期損失、恢復生態系統的中期損失和在萊茵河上修建水壩的開支等潛在損失。桑多茲公司向法國政府和漁民支付了賠償金；成立了「桑多

兹—萊茵河基金會」，幫助恢復因這次事件而遭受破壞的生態系統；捐款730萬美元給世界野生生物基金用以資助一項三年期的萊茵河動植物恢復計劃。

這次事故造成萊茵河毀滅性的污染，嚴重破壞了萊茵河流域生態系統，並且在相當長時間內對萊茵河的生態系統都產生了不良影響。污染使約160千米範圍內的大量生物被毒死，多數魚類大量死亡，尤其是鰻魚；約480千米範圍內的井水受到污染影響不能飲用。萊茵河是德國最重要的河流，在德國境內長達865千米，因而德國遭受損失最大，幾十年來210億美元的萊茵河治理投資付諸東流。最下游的荷蘭，被迫將與萊茵河相通的所有河閘關閉。西德和法國的一些媒體將這次事故與蘇聯切爾諾貝利核電站爆炸事件（Chernobyl Nuclear Disaster）及印度的博帕爾毒氣泄漏（Bhopal Disaster）事件相提並論，被《科普知識》列為20世紀全球最聞名的「六大污染事故」之一。

3.4.2 事件的不良後果

3.4.2.1 水質污染

桑多茲公司事後公布，流入萊茵河的可能有毒並污染河水的化學品及儲量清單顯示：污染物料主要為殺真菌劑（其中包括有機汞化物）、殺蟲劑（磷酸酯）和除草劑等。磷酸酯、甲基乙拌磷和乙拌磷濃度值在河水中最高。按照萊茵河水中的污染物濃度時間變化曲線估算，流進萊茵河的污染物總量為10~30噸。污染消防水在火災發生後24小時仍流入萊茵河，造成長40~70千米的有毒水帶，並在火災發生幾周內持續流向萊茵河下游地區。乙拌磷為流入萊茵河數量最多的磷酸酯，因支流河水及流入河流的地下水稀釋和縱向擴散，其濃度從萊茵河上游地區向萊茵河下游地區逐漸減少。測量顯示：離污染物泄入點萊茵河下游14千米處，濃度峰值為600μg/L，而在污染物泄入點萊茵河下游約700千米處大幅度減小為5.3μg/L。

#### 3.4.2.2 對沿岸生活和工業用水的影響

由於警報延誤，桑多茲臨近萊茵河下游的 10 多個取水口沒有及時關閉，污染物入侵萊茵河各大運河供水系統，污染該區域地下水。德國萊茵河沿岸的自來水廠和供水企業均被迫在有毒水波流經之前、流經期間和流經之後盡可能長的時間內（最多達 20 天）及時關閉取水口或採取適當調整措施，保證受污染的萊茵河水不會滲入地下。儘管如此，多個提供公共飲用水的給水井還是受到隨消防水流入萊茵河的污染物的影響，污染物在德國萊茵河谷地區的水井中被檢測到。

#### 3.4.2.3 生態破壞

隨消防水泄入萊茵河的污染物嚴重破壞了萊茵河水生態系統。一方面，在巴塞爾下游各種魚類大量死亡，污染點下游 401 千米的羅累萊河段中的鰻魚幾乎絕跡。另一方面，供魚類食用的水生動物同樣損失慘重，在巴塞爾至布賴薩赫（Breisach）地帶，發現動物遭到嚴重污染破壞；在美因茲上萊茵河地區，棲息的小動物，如小蝦、蝸牛、蠕蟲、蚌等數量明顯減少；直到摩澤爾河都顯示污染傷害到小動物；在下萊茵河地區也證實有零星傷害存在。

#### 3.4.2.4 泥沙污染

通過對河底有毒物質的檢測，在流動河段沒有發現有毒物質沉澱，而下游壅水區證實泥沙受到污染。在消防水泄入點的萊茵河下游附近，約有 700 平方米的河底遭到有毒物質的極嚴重污染。從萊茵河底抽吸清除了約 1 噸的農藥，對 4000 平方米的範圍進行了淨化處理。火災後 7 天開始淨化處理桑多茲附近的萊茵河底。淨化分為兩個階段：第一步，約花 1 個星期，通過抽吸方式，清除河床的主要污染物。抽出的河水先利用活性炭過濾、淨化，再重新送回萊茵河；抽出的污染混合物暫時集中存放，後期再進行無害化處理。第二步，淨化處理其他受污染較輕的區域。

環境災難使政府和民眾都認識到，人們賴以生存的土地、

河流和湖泊為人類提供資源不是無限度的，保護萊茵河流域的水環境問題已迫在眉睫。

# 4. 萊茵河流域的主要管理舉措

　　萊茵河流域跨度 9 個國家，對各個國家經濟發展的作用各異，各個地區經濟發展水平也不相同。萊茵河流域綜合防治、治理模式堪稱多個國家共同參與、協調協作之典範，對中國以及對世界上別的國家進行河流流域預防、治理和生態系統回復平衡都有著極其重要的參考價值。

## 4.1　國際性的合作機制

　　正如前所說，隨著萊茵河水污染加重，20 世紀 50 年代，處於萊茵河下游的國家荷蘭首當其衝的深受其害。為了恢復萊茵河的生機，1950 年 7 月 11 日，由荷蘭提議，瑞士、法國、盧森堡和德國等 5 國在瑞士巴塞爾召開了一次意義深遠的環境保護會議，成立了「保護萊茵河國際委員會」（International Commission for the Protection of the Rhine，ICPR），宗旨是全面處理萊茵河流域保護問題並尋求解決方案，從此奠定了國際間共同治理萊茵河的合作基礎。

## 4.2　保護萊茵河國際委員會（ICPR）機構介紹

　　ICPR 的日常工作只是由一個 12 人組成的國際秘書處負責，位於德國科布倫茨（Coblentz）市。現有包括歐共體在內的萊茵河流域主要成員國 6 個，委員會主席由各成員國的環境部長輪流擔任，3 年為一任期，但部長們只是兼職，出席重要的會議。每年召開一次各國環境部長參加的全體會議，為其最高決策機構，主要決定重大問題。ICPR 通過的計劃由各國分工實施，經費由各國各部門共同承擔。ICPR 還設有由政府間

組織（航運委員會、河流委員會等）和非政府間組織（如自然保護和環境保護組織、化學企業、食品企業、飲用水公司等）組成的觀察員小組，監督各國工作計劃的實施情況。3個常設工作小組分別負責水質、生態和污染方面的工作。ICPR下還設立了許多技術和專業協調專家工作組，如水質工作組、排放標準工作組、生態工作組、防洪工作組、可持續發展規劃工作組等，解決與常設工作小組和項目小組有關的具體問題，每個專家小組都由各國政府專家組成。

該組織主要負責以下四項任務：①根據預定目標，預備國際間的流域管理對策、行動計劃及進行萊茵河流域生態系統調查研究；針對各項對策和行動計劃擬定出合理有效的建議；協調萊茵河流域各國之間的預警計劃；對流域各國行動計劃的效果進行綜合評估等。②按照行動計劃的要求，做出科學決斷。③為萊茵河流域各國提供綜合年度評價報告。④向萊茵河各國公眾通報流域的環境狀況以及治理成果。

## 4.3　萊茵河生態恢復第一步——「萊茵河行動計劃」

1963年在瑞士首都伯爾尼（Bern），萊茵河流域各國與歐共體代表共同簽署了一份ICPR的框架性協議——《保護萊茵河伯爾尼公約》，該公約奠定了萊茵河流域管理國際協調和發展的基礎，成為國際合作的法律基礎；1976年，ICPR通過簽署了《萊茵河防治化學污染公約》和《防治氯化物公約》兩項協議（1991年補充了附加條款），該公約規定ICPR的工作之一就是確定具有國際約束力的劇毒物質最高排放值。

1986年桑多茲公司的大火造成的那場幾乎毀滅性的萊茵河污染事件使萊茵河流域各國政府和公眾空前的關注與反省萊茵河流域的污染問題，恰好成為一個契機，使得各國環境部長們能夠表達出他們的行動意願：於1987年批准實施了「萊茵河行動計劃」（Rhine Action Programme，RAP）。該計劃把生態系統恢復來作為萊茵河重建的主要指標。計劃首要目標：到

2000 年使某些生物物種重返萊茵河，尤其是 20 世紀 50 年代已經從萊茵河絕跡的鮭魚，以此作為檢驗整體河流生態恢復情況的標誌，因而該河流治理的長期規劃也被稱為「蛙魚-2000 計劃」。

「蛙魚-2000 計劃」還有另外兩項目標：一是保證萊茵河水可以作為飲用水水源；二是改善萊茵河河底沉積物的質量，降低淤泥污染，特別是減少鹿特丹港沉積物污染，以便隨時利用淤泥建坡地或將淤泥泵入大海。

「蛙魚-2000 計劃」還包括以下幾項具體的防治治理措施：①對已經明確的「基礎物質」進行嚴密監測，並按照既定的指導值來檢驗該物質的濃度；②減少污染物來源；③提高化工廠的安全性，加強「國際預警和警報計劃」功能完善；④提高河流的通航能力和整體生物環境質量等。

在「萊茵河行動計劃」中還包含了一部分頗具挑戰性的宏偉目標，例如，1985—1995 年，讓有毒物質排放量降低 50%。在 1988 年，北海出現了大量海藻，這種現象說明萊茵河污水排放與其河口外圍海洋環境的影響有著密切關係。隨後，「萊茵河行動計劃」增加了第四個目標：改善北海生態。1998 年 1 月 22 日，第十二屆部長級會議在鹿特丹（Rotterdam）通過了「萊茵河洪水管理行動計劃」：重新修改並簽署了新的萊茵河公約，並把改善、保護萊茵河的質量視為保護北海質量的目標提出。截至 2000 年，該計劃的實施大大減少了多種有害化合物的排放量及其在河流中的濃度，甚至很多有害化學物質的排放量幾乎減少到零。

經過近百年的努力，花費超過 300 多億英鎊的治理成本，萊茵河及其支流水質得到了明顯改善，尤其在 ICPR 實施後，河水含氧量升高，重金屬污染下降、水生生物種類增加。據統計，到 2008 年，有大約 5,000 條鮭魚返回萊茵河產卵，別的魚類、兩棲動物和鳥類也重新返回萊茵河，但河水污染治理還需進一步加強以減少河水中的懸浮物質。

## 4.4 萊茵河生態恢復第二步——「萊茵河 2020」

1995 年萊茵河發生大洪水之後，萊茵河保護國際委員會受萊茵河流域部長會議委託起草了「萊茵河洪水管理行動計劃」，並經過多次修改和補充。1998 年 1 月 22 日，在荷蘭鹿特丹舉行的第十二屆萊茵部長會議上正式通過了總額 120 億歐元的「萊茵河洪水管理行動計劃」。

2001 年 1 月 29 日，在斯特拉斯堡召開的第十三屆部長級會議上，萊茵河保護國際委員會簽署了「2020 萊茵河流域可持續發展計劃」，即「萊茵河 2020」（the Programme for the Sustainable Development of the Rhine，PSDR），原則是通過水域管理、自然保護、城鎮規劃、農業和林業、洪水預防等綜合措施來改善萊茵河生態系統、地表水質、洪水防護系統和保護地下水四個相互關聯的目標。具體說來，「萊茵河 2020」的目標是：

（1）進一步改善萊茵河整體生態系統。繼續保持從博登湖到北海之間，以及適宜遷徙魚類的支流業已形成的萊茵河典型生境（生境連通性）和生態閉合（上下游遷移）。

（2）洪水災害的保護和防治。即以 1995 年洪水為基準，

①到 2000 年抑制災害損失風險的上升，到 2005 年減少災害損失風險 10%，2020 年將災害損失風險減少 25%；

②到 2005 年降低萊茵河上游調蓄段以下最高洪水位 30 厘米，到 2020 年降低 70 厘米；

③2005 年完成 50%以上洪泛區和洪水高危險區域內的洪水風險分佈圖，到 2020 年完成所有區域；

④短時間內改善洪水預警系統，到 2000 年延長 50%現有洪水預警時間，到 2005 年延長一倍。

（3）水質改善。

①水質達到經簡單處理即可飲用的狀態；

②河水成分不能對動植物和微生物產生有害的影響；

③萊茵河可以捕魚，貝類和蝦米必須適合人類消費；
④萊茵河某些水域須達到可以游泳的標準；
⑤河底沉積物不能對環境造成有毒污染。
（4）地下水保護。
①無污染的地下水必須保存下來；
②保持地下水抽取和補償平衡。

根據這項新的行動計劃，在 2020 年時，萊茵河流域通過沉積物管理計劃將河道淤泥污染物基本去除；採用各種先進的技術，從根本上解決各種點源污染問題；真正實現「人水共生存」的目標，使萊茵河流域可持續管理成為歐洲共同體河流流域管理政策的典範。

## 4.5　萊茵河生態恢復第三步——歐盟水框架指令

在歐洲一體化進程中，環境保護的一體化不斷加速，尤其是在跨界環境問題的解決方面，通過制定歐盟水框架指令（Water Framework Directives，WFD），使得跨界水體萊茵河實現了有效的流域綜合管理。

2000 年 10 月，WFD 正式啟動，標誌著從此歐盟各國（包括除瑞士以外的所有萊茵河國際委員會的成員國）有了一個統一的水資源管理法律文件。其目標是：啟動 9 年後，所有河流改善計劃都要得到實施，並在啟動 13 年後實施完畢；到 2015 年，使歐盟境內所有的地表水和地下水達到良好的狀態。

### 4.5.1　WFD 的特點

（1）在歐洲應實行統一的水資源保護政策；
（2）到 2015 年，所有水體應達到良好的化學與生態狀態；
（3）制定各成員國所有行動的執行時間表；
（4）流域區和非政治實體是行動的系統基礎；
（5）跨界協調是必不可少的；
（6）在執行的整個階段都要有公眾參與；

（7）制訂和實施流域管理規劃與行動計劃。

4.5.2　WFD 的核心思想和具體實施

WFD 的核心思想體現在以下幾個方面：河流從源頭到入海口是一個完整的系統，局部河段與整個流域是緊密相關的；所有河流改善計劃的細節都要公布，並讓公眾參與提意見；各個國家都要定期向歐盟匯報工作進展；制定十分嚴格的懲罰條例，對無法完成指令的國家進行處罰。從 WFD 啟動以來，各成員國在水資源管理及水環境保護方面取得了舉世矚目的成就。由此可見，統一協調的流域管理的法規、政策是流域實現綜合管理的重要保障，歐盟水框架指令在流域綜合管理中已經起到了重要的作用。

4.5.3　WFD 執行時間表

WFD 明確制定了各項目標和行動的時間期限，便於督促各國政府按期實施，也便於公眾監督實施成效。這個時間表具體為：

2000 年，水框架指令開始生效。

2003 年，將要求轉換為國家立法，確定流域區與主管機構。

2004 年，確定流域特性：壓力、影響及經濟分析。

2005 年，確定地下水污染的主要趨勢。

2006 年，確定環境監測程序，公布編製首次流域管理規劃的工作程序並諮詢，確定地表水環境質量標準；

2007 年，向歐盟報告流域管理規劃和措施計劃，公布並諮詢每個流域區的重要水管理問題。

2008 年，公布並諮詢流域管理規劃初稿。

2009 年，公布每個流域區的第一個流域管理規劃，執行每個流域區的措施計劃以實現環境目標。

2010 年，向歐盟報告流域管理規劃和措施計劃，引入水價政策。

2012 年，保證所有措施計劃完全付諸實踐，匯報實施第

一個流域管理規劃的進展。

2013 年，審查流域管理規劃第一個週期的進展情況。

2015 年，第一個流域管理規劃規定的主要環境目標是否實現，審查與更新第一個流域管理規劃。

2021 年，第二個流域管理規劃規定的主要環境目標是否實現，審查與更新第二個流域管理規劃。

2027 年，第三個流域管理規劃規定的主要環境目標是否實現。

### 4.5.4 WFD 向國內立法的轉變

按照歐盟環境法的體系，指令是歐盟規則中最普遍的一種形式，是對所要求達到的具體目標的明確規定，命令各成員國通過該國相應的立法以達到規定的具體目標。指令規定的目標必須達到，但是採取何種形式、方法以達到所要求的結果由各成員國當局決定。WFD 也不例外，雖然它對每個成員國具有法律約束力，但是並不等同於國內法，不能直接適用於成員國內，而需要轉換成每個成員國的國家立法再來實施。WFD 明確規定了各成員國最遲應於 2003 年 12 月 22 日前使貫徹該指令所需的法律、條例和管理規定生效，10 個新成員國的立法轉換截止日期為 2004 年 5 月 1 日。

## 4.6 萊茵河水污染治理成果

在萊茵河流域各國的共同努力下，經過幾十年努力的治理和投入大量資金，萊茵河終於逐漸恢復了以前的自然風貌。

在 20 世紀 60 年代，萊茵河溶解氧濃度曾經不到 40%，經過治理，如今大多數時間溶解氧飽和度維持在 90% 以上。水體中的生化需氧量（BOD）從 20 世紀 50 年代起逐步有所改善，到 20 世紀 70 年代中期上升到峰值，而後開始穩步下降，直到 20 世紀 80 年代末降低到 3mg/L 以下，從 20 世紀 90 年代以來，一直穩定在 2mg/L 以下。總磷含量從 20 世紀 70 年代初期起持續呈下降趨勢。在 1973 年，總磷濃度為 1.1mg/L，

2000 年已降低到 0.16mg/L，削減率達 85.4%。氨氮在 20 世紀 60 年代中期和 70 年代初分別出現了兩次污染高峰，濃度一度超過 3.3mg/L。從 20 世紀 70 年代中後期，逐步下降，到 2000 年以後，氨氮濃度基本維持在 0.1mg/L 以下。從 20 世紀 50 年代中期至 70 年代初，大型底棲動物種類從原有的 165 種減少到 27 種，減少了 83.6%。而從 20 世紀 70 年代中期起其種類數又有所增加，並一直持續到 20 世紀 90 年代。如今萊茵河中可遷移大型底棲動物種類數已達 150 多種，包括消失了 30 多年的蜉蝣類水生生物。鮭魚的迴歸被認為是萊茵河水質改善的標誌。20 世紀初期，萊茵河中生活著數量眾多的鮭魚，僅德國和荷蘭每年就能捕獲數十萬條鮭魚。但由於水環境污染和大量水壩的建造，到 20 世紀 50 年代，河中的鮭魚已經從萊茵河中消失了。經過多年的治理，萊茵河水質有了很大改善，同時在水壩還修建了許多洄遊通道，到 1990 年，大西洋鮭魚首次重新出現在萊茵河支流齊格河（Sieg）中。

經過萊茵河流域各國持續不斷的努力，萊茵河治理與生態恢復已經達到預期目標，萊茵河現在被稱為歐洲最清潔的河流一點也不為過。

# 5. 萊茵河治理經驗

## 5.1 以下游國家為主導的國際協作機制

萊茵河流域的各個國家儘管經濟發展水平參差不齊，但在流域可持續發展及管理方面達成了廣泛共識。建立起了即時的信息交流，如萊茵河上游若有洪水發生，能夠以最快的速度通知下游；當萊茵河上游有突發性污染事件發生，萊茵河沿河下游國家的監測站能夠即時獲悉並在第一時間內採取預備措施。

萊茵河流域管理的國際合作包含兩個層次，即國家之間的

合作和地區之間的合作。首先，國家中間的合作是指成立專門的國際協調管理機構，同時各個國家服從 WFD 統一指導自覺行動。WFD 的建立和實施本身就可以看成歐洲環境管理一體化產物，而通過 WFD 的設立，更加促進了跨國水體的協調管理。為了更好地保護萊茵河流域水環境和水資源，流域各國共同商議成立了一個跨國流域管理機構，即萊茵河保護國際委員會（ICPR）。下屬的委員會、部長會議、實施小組和秘書處等機構的有效運作構建出沿岸各國在保護萊茵河中進行合作的工作框架。在此合作框架下，在遵守國際協定的約束與監督中，流域各成員國之間在以往的數十年中建立起良好的相互信任機制。雖然各國利益不同，但都能夠本著從流域整體可持續發展的立場出發建立合作關係。而且，萊茵河保護國際委員會督促各國加強實施治理措施，每年會以年度報告的形式，對協議各國消減污染、恢復生態環境的進展情況進行國際性評估，以維護和實現保護萊茵河、可持續發展萊茵河的目標。萊茵河保護國際委員會等萊茵河國際組織制訂的一系列治理水污染、保護地下水、防洪、恢復萊茵河水生態等各項計劃都需要跨國和跨部門間的密切合作，同時各國內部範圍內的計劃大都由單個國家自己來完成，有的則要求國家創造良好的實施環境。早在 20 世紀末，萊茵河沿岸各國協調治理水污染，促進了萊茵河水質改善和水環境功能的恢復，成為國際環境合作和跨國流域污染治理的成功典範。「萊茵河 2020 可持續管理計劃」的目標是改善流域生態環境和可持續發展，是建立在地方、地區、國家和國際之間的緊密合作、共同規劃及實施的基礎上的。實施防洪措施，可能受益更多的是萊茵河下游國家和地區，但防洪計劃中很多行動，如擴大行洪河道、增加滯洪區等都由各國自己承擔。最新的洪水管理計劃、流域可持續發展的計劃階段評估報告顯示，各國的合作實施有效地改善了萊茵河的生態環境，各項治理措施與工作正有序地進行。事實證明，在歐盟水框架指令實施的過程中，各國政府自覺的行動和歐盟統一的法

令法規同時起到了重要作用。

　　從國家層面來講，萊茵河流域管理的國際協作是指實施水域一體化管理。荷蘭非常重視地表水管理，因為其海岸線長，水系發達，50%以上的國土面積低於海平面，水環境和水資源管理是關乎國家安全的大事。目前，在荷蘭，整合成立的基礎設施和環境部（Ministry of Infrastructure and the Environment）統一負責流域綜合管理，包含水污染物排放及對其的監察管理，也包含國家層面的水務管理尤其是全國性水務規劃。

　　從省級政府層面來講，目前27個水委員會（Water Board）是荷蘭最重要的流域管理部門。以水委員會為主的分層次、分部門的水資源水環境管理模式在荷蘭已經實行多年，基本上能滿足其國內流域管理的需求。但歐盟水框架指令對各國的水資源和水環境的綜合管理提出了新的要求，特別是提高了對不同部門的行動協調性要求。因而，荷蘭對環保、水利部門進行了進一步整合，地下水管理納入到水委員會職責範圍，水委員會合併管理除了直接排放的污染源外其他所有與河流水體相關的事務。

## 5.2　環保基礎設施與技術建設

　　萊茵河保護國際委員會（ICPR）及歐盟水框架指令（WFD）制定的許多協定都屬於國際法範疇，在簽署協定後，各國就有共同遵守的責任和義務，但同時還需要各成員國在各自國內的法律框架下通過相關的法律程序。在一系列相關法律法規的強制執行和保障實施下，萊茵河沿岸各國在污染治理上付出了長期不懈的努力，各國通過採取適用的最佳治污技術，且不斷改進和升級，提高工業生產加工技術，使點污染源、農業和交通之類的擴散源得到了治理。例如：造紙企業開展技改，減少污染物的排放；在造紙制漿工業中採用先進技術以氧取代氯作為漂白劑，降低了由氯化物帶來的有機污染，水中的AOX大大下降。1965—1985年，5個萊茵河沿岸國家投資了

約 600 億美元改進和建設污水處理廠,降低工業和城市廢水中有機物與無機物濃度,並加強了管道自來水的建設。如今,自來水和污水處理設施分別惠及了萊茵河流域 99% 和 96% 的人口。隨著歐盟的加入,ICPR 制定了更加嚴厲的法規強制工廠對排入河中的工業廢水進行無害化處理,減少萊茵河的淤泥污染,嚴格控制工業、農業、交通、城市生活污染物排入萊茵河,並防止突發性污染。企業的污染防治設施必須按照法律規定經政府環境保護行政助燃部門的嚴格審批。化學物質排放標準的制定和統一促進了沿岸國家對污染物質的管理,控制農業生產中化肥、植物防護劑和硝酸鹽的使用量等。如瑞士、法國和盧森堡已減少了除草劑用量,德國和荷蘭已禁止使用除草劑,萊茵河中只能檢測到部分降解較慢的除草劑。

### 5.3 法制建設

在德國,環境保護是僅次於就業的國內第二大問題。從 20 世紀 70 年代開始,當時的西德政府就出抬了一系列環境保護相關的法律法規。《垃圾處理法》是德國頒布的首部環境保護法。20 世紀 90 年代初,德國議會在修改後的《基本法》中增加了保護環境。在《基本法》中寫道:「政府應本著對後代負責的精神保護大自然的生存基本條件。」這一基本出發點對德國政治領域產生了極大影響。目前,全德聯邦及各州的環境法律法規超過 8,000 部,全德範圍內還實施了來自歐盟的大約 400 個相關法規。從 1972 年頒布的第一部環保法以來,德國環境保護法目前堪稱全世界最完備、最詳細的環保法律。

德國政府非常重視環保,已形成一個有近百萬人就業的環保產業,每年環保產品的出口居世界前列。除了大量跨地區的環保研究機構,德國政府、州和縣各級政府都設立有官方的環保機構及隸屬於聯邦內政部的環保警察。環保警察需接受一年半的專業訓練,行動迅速,通過巡邏和使用遙測工具檢查,一旦發現環境污染,立即採取有效的補救手段,盡力將污染控制

在最小範圍內。他們負責從化學有毒品外泄到不衛生食品的銷售等跟環保相關的大小事宜，如任何一條小溪泛起泡沫，他們都會前往取樣；凡是已經寫入法律條款的環保事項，諸如垃圾箱冒菸、魚類死亡、廢氣聚集成霧或廢油滲漏等，在轄區內環保警察都一概嚴格執法。

## 5.4 單一管理向綜合管理模式的轉變

過去，萊茵河沿岸各國在河流流域開發利用過程中，投入了過多的人力，任意索取，不懂節制。為緩解人口劇增與糧食產量嚴重不足的矛盾，萊茵河兩岸的土地遭到大規模的開墾，在灌木林地中創造圩田、開墾濕地。在萊茵河干、支流上修築水壩、任意對河道疏浚、裁彎取直、截斷小支流等，這些工程設施在一定程度上大力發展了流域經濟，但同樣也帶來了許多意想不到的災難，如洪災泛濫、河流沿岸棲息地生物多樣性大大減弱甚至喪失等。大力修建攔河水電站蓄水發電，改變了河道天然的水流量過程，對野生動物和農作物均造成很大威脅。為保證通航，多處河道寬度被人為地控制在 80 米以內和任意取直改造，河道水流的流速加快，河床衝蝕嚴重並伴隨下切，水位下降，使河流四周濕地的生態系統遭到嚴重破壞。由於發展航運而對萊茵河進行的河道改造使得 20 世紀 80~90 年代發生了四次嚴重洪澇災害，給萊茵河沿岸造成了巨大的經濟損失。為此，荷蘭、德國、法國和瑞士現在每年要花幾十億美元來恢復失地，拆除堤壩，加寬河道，這表明追求單方面發展是不明智的。

如今，萊茵河河流管理尤其重視以下幾個方面的工作：禁止河灘地的開發，返還河流應有的空間，盡力維護、恢復河流的自然特性，注重萊茵河流域生態恢復，如恢復河流的自然衝蝕、切變、淤積和蜿蜒等自然特性，為各種生物提供生存環境，恢復生物物種多樣性使河流生態環境更加健康。在近期的所有規劃和行動計劃中，具體的措施和內容都包括保護濕地、

運用滯洪區時給動植物足夠的適應期和逃離的時間等；荷蘭在三角洲地區開闢了自然保護區，還專門從愛爾蘭引進種牛野放；歐盟在現有的水利工程中不惜投入巨資增加過魚設施，保護魚類種群生活水環境和洄游繁殖環境等。對於防洪，不是把問題集中在萊茵河下游解決，而是採取「源頭控制」，加強城市、農業區的蓄水能力，通過分散洪水、降低產流系數有效地降低洪峰；禁止河灘地內的所有建設項目，停止由於城市化的需求而侵占萊茵河的空間。另外，還增加有更多種途徑如修建滯水圩田和河道，以擴大萊茵河及支流的空間等的措施。

在過去更關注治理流域污染、關注防洪效果、提高航道保證程度，現在逐步重視生態環境保護，充分認識到人與自然的和諧統一。與原來單一的治理方式不同的是通過制定綜合管理規劃，把監測、評價、反饋、調整作為規劃的有機組成部分，根據以往措施實施結果，不斷總結經驗和教訓，調整和完善應對措施。

## 5.5 先進的監測與預警手段

治理期間，萊茵河沿岸各國共同成立了污染防治中心，在兩國邊界設立完善的監測與預警系統，主要包括水質監測與預警系統、水文監測系統、洪水監測與預警系統和洄游魚類生物監測系統等。監測系統既有利於促進各國互信和推動合作評估，又可以通過交流監測數據和工作經驗，更好地制定政策及措施以減少污染、恢復生態環境。水質監測與預警系統的目的在於促進突發水污染事件發生時的信息傳遞，減少污染事故對水質的影響。水質監測點，通過雙邊共同參與監測，明確排污責任，並通過協商確定上游國家減排目標。同時，對河流進行24小時全方位監測，政府、企業、公眾協調運作。ICPR 在萊茵河流域設立了通報監測站點數十個，現有上百名註冊通報員，並形成聯合監測系統網絡，制定了共同的分析方法，對水質可以進行客觀評價。這些站點除了保證航運水深要求的常規

水文監測外，更加注重監測水質變化，並即時在網上公布，供各界參考查詢。目前萊茵河主河段上有7個主要的國際監測與預警中心，分別位於瑞士的巴塞爾，法國的斯特拉斯堡、德國的曼海姆、威斯巴登、科布倫茨、杜塞爾多夫，荷蘭的阿納姆。此外，還建立了9個國際監測斷面和7個國際監測與預警中心，隨時密切監測萊茵河水質的變化情況，發現水質稍不符合規格，就會立即報告相關監測部門，及時採取處置措施，一旦有水污染事故發生，發生地所在的國際監測與預警中心負責發布和向其他各中心傳遞預警信息，各中心接收到信息後逐次向其他站點傳遞，並詳細記錄預警信息接收與傳遞過程，形成具體的報告，提交至保護萊茵河國際委員會秘書處。

萊茵河流域內的洪水預報警報系統共有25個洪水預報警報中心、9個國際水文站和20個國家水文站，與預報警報中心及氣象站均已實現互聯網，定時向新聞界及公共事務單位發送預報信息，還及時通過廣播、電視向市民公布。此外，為及時瞭解萊茵河的生物恢復狀況，便於評估生物多樣性恢復措施的有效性，在萊茵河水生生物重要生存河段上設立了生物監測器，即時反應水生生物的數量與種類。

國際監測站還建立了水生物監測系統，利用發光細菌、水蚤、魚類等對水的生物毒性進行監測。水質監測網絡的建立和規範化的管理制度，構成了萊茵河流域水環境監控預警體系，水環境的安全得以保障。

## 5.6 可持續發展目標

萊茵河作為西歐經濟和社會發展的命脈，曾經經歷了環境污染日益嚴重→生態破壞→治理力度加大→環境逐漸好轉→生態環境改善這一曲折的發展歷程，曾經被稱為歐洲的「下水道」，更由於1986年瑞士桑多茲公司火災引發的突發毀滅性的化學品泄漏污染事件變成了一條「死河」，流域沿岸各國政府和民眾曾因為對河流無知地開發和濫用付出了慘痛的代價。隨

著流域綜合管理理念和模式的形成，逐步實現了流域各國一同保護萊茵河、協同治理萊茵河的理想，逐步改善了萊茵河的污染問題。但是人們逐漸醒悟，在治理河流的歷史過程中，人類過多干預了河流的自然發展：為了航行和防洪，對萊茵河干、支流進行了大量的截彎取直，沿河建設起水泥堤岸；為了發電的需要，攔河壩水電發電站建起來了。但由於全球氣候變化，導致了極端的降雨事件發生。這時人們才發現，曾引以為豪的水泥堤岸不但不能有效防洪，而且這些為數眾多的攔河壩和水泥堤岸阻斷了洄遊繁殖類魚類的天然洄遊路徑，嚴重損壞了水生生物的原始栖息水環境而導致大量水生生物品種和數量急遽下降，降低了萊茵河流域生物的多樣性。為有效防洪、保護地下水資源、恢復河流生態，在歐盟水框架指令中指出，應當以河流流域水生生物恢復為重點來實現河流生態修復目標。為此，出抬了明確的萊茵河流域生態修復目標，更改過去的防洪防禦型為主動型，採取了大量如延長河道、擴大蓄水區面積、延緩水流等工程措施來有效降低堤壩高度，減少洪水災害，成功恢復河流原有生態，重新建立起魚類洄遊繁殖通道，充分開發和利用河流及城市蓄水區的娛樂功能與景觀價值。

「萊茵河生態系統的可持續發展」被萊茵河保護國際委員會確定為自己的首要目標，「萊茵河行動計劃」（RAP）於1987年被批准實施，恢復生態系統被設定為重建萊茵河的主要衡量標準，以此來檢驗河流生態整體恢復的情況。這一目標與萊茵河保護國際委員會成立初期著重於防止河水污染及治理污染有著根本的差別。萊茵河可持續性發展目標已經被貫徹在流域開發、治理的方方面面。保證水質、維護河流自然環境、防禦洪水、保護流域生態平衡等是萊茵河保護國際委員會制定相關法律法規的基本出發點，萊茵河地下水保護、沿河自由航行等被納入下一步計劃和任務中，以保障萊茵河流域的可持續發展。

萊茵河的治理思想從一開始的以防洪為主發展到以污染治

理為主，再到後來以恢復河流生態健康為主要目標，經過了幾次革命性的轉變。今天，維護河流水生態系統健康已經成為萊茵河流域各國在河流治理和管理方面的共識。

## 5.7 企業的主體地位及公眾意識的提高

全民參與、一同負責的原則始終貫徹在環境保護政策中。各級政府、企業、社會團體、家庭、公民都要參與合作，在環境保護和生態治理的過程中，主動發揮自我作用，共同推進環保政策的積極實施。

環境保護與經濟發展並不矛盾。例如，在瑞士，很多企業都知道，節能減排既有利於社會可持續發展，同時也是在幫助企業省錢。

從 19 世紀末期以來，隨著萊茵河流域內工業化進程的發展和人口的增加，萊茵河的水質逐日下降。到 20 世紀 20 年代的時候，萊茵河下游魚肉的味道越來越差。究其原因，罪魁禍首就是德國的魯爾工業區排放出的廢水中含有大量的苯酚。20世紀中葉，二戰後的歐洲處於百廢待興時期，在大規模的戰後重建階段，萊茵河流域慢慢發展成歐洲最重要的經濟中心，眾多工業區沿河分佈，然而萊茵河的污染日益加重。企業一方面向萊茵河索取大量的工業用水，另一方面，又將未經任何處理的大量的工業廢水直接排放進入萊茵河中。同時萊茵河還兼任了繁忙的水上交通線的職能，還要承受來自水上交通帶來的污染。與此同時，工業的發展迫切需要大量的勞動力，許多農業人口被吸收到萊茵河沿岸的城市中來。城市化進程的加劇增添了眾多的城市人口，這就直接導致了生活污水的迅速增加，大量的生活污水和工業垃圾同時傾瀉入萊茵河，萊茵河一度被冠上了「歐洲下水道」「歐洲公共廁所」的惡名。

生態災難的發生喚醒了人們的環境意識，萊茵河管理和治污不單是政府的職能，也是沿河企業、工廠、農場主和居民等共同的利益所在，環境信息的公布和管理透明讓企業和公眾開

始關注到萊茵河流域的環境發展狀況。在保護萊茵河良好水質和維護生態系統中，代表不同利益的各種機構、組織和民眾在萊茵河保護國際委員會實施各項計劃的過程中起到了關鍵作用。在「萊茵河洪水管理計劃」以及「萊茵河 2020 可持續發展計劃」中，水利、規劃、農林部門和自然保護負責實施在國土規劃、水利、農業、自然保護與林業改善等各個方面的措施，共同服務於實現計劃目標。各類水理事會和行業協會等非政府組織，應邀參與到重要的決策討論中，充分表達意見和建議，使決策具有高度的透明度及可操作性。

　　許多環保組織也積極投身萊茵河的保護與實踐。一方面，它們通過對政府和公司直接施加影響，呼籲關注環境保護；另一方面，它們也會直接以新聞報導等形式引起公眾的關注，通過公眾參與來促進對環境的保護。公眾強烈要求政府和企業採取嚴格措施來控制污染，而這一舉動越來越變成自覺行為。

　　企業既是環境管理的監管對象，也是環境保護的主體。萊茵河流域各國在環境許可申報與審批、企業排污監控及企業污染治理等方方面面，都建立起完善的法律法規及制度體系。這些法律法規和政策的實施主體最終是企業。在既定的法律框架下，環境監察和處罰的力度非常之大，使企業的聲譽、社會形象、產品和經濟利益都與企業的環保行為有著密切的關係。對故意超標排污的企業，當事人將面臨嚴厲的刑事訴訟，而且本人和企業的社會形象也將受到嚴重傷害。因此，企業一旦開始意識到自己的不當行為將可能引發的災難，而這場災難可能對企業的生存也將會有非常大的不利影響的時候，企業就會為自身發展而自覺地制定較高的環境目標，如實行清潔生產、發展污水處理技術、廢物再利用等。企業制定有嚴格的自我監測體系和數據申報制度。單個企業在河道排污口設立有監測點位來自我檢查設定的標準的執行效果；化工園區在河流的上、下游均設立了監測斷面，適時監測、跟蹤河流水質，以及時檢測出園區可能對河流造成的污染或風險。除此之外，在政府部門和

企業廣泛開展了環境審計，這一措施帶動了企業不斷改善環境行為，不斷提升環境績效。通過這種方式，企業的主體作用得到充分發揮，由被動環境監管轉化為主動環境監管。而且工業園區的環境監測、垃圾污水的處理、環境事故應急措施等均交給專業的公司來負責，形成專業化、規模化的運行模式，企業的環境服務達到專業化運行模式的程度。這種專業化的管理模式不但運行效果良好，還負責了附近區域的城市污水的治理，發展成對社會有益的環境資源。

具體說來，如在德國的杜伊斯堡，兩家大型藥廠與一家造紙廠合作共同建造了一家污水處理廠，三家企業各占20%左右的股份，政府佔有另外30%多的股份，負責管理、監督污水處理廠。別的想新建污水處理廠的企業繳納很少費用就可以和這三家企業合用一個污水處理廠。經過這家污水處理廠處理後的水可以被這些企業共同循環利用，或被低價出售給園林綠化部門。這樣一來，建污水處理廠不但不是負擔，而且既承擔了公益責任、提升了企業形象，還能贏得經濟效益，企業在建污水處理廠上投入了很高的積極性。

同時，政府建立起與公民的合作。政府成立一個日常維護相關河段生態環境的萊茵河治理股份制管理機構，萊茵河兩岸的居民可以入股，獲得一定的股份收益。在經濟效益兼生態效益的吸引下，居民積極、主動地參與到生態治理全過程中。政府充分利用教育機構的平臺作用，與教育機構合作形成了完善的環境教育體制。德國把環保教育直接納入中小學教學大綱，注重學生的生活體驗，強化公民在生態治理方面面臨的責任和義務，使公民的生態覺悟成為一種自覺行為。德國公民普遍具有較高的環保意識，能積極、主動地參與環保活動，環境保護變成了一種全民自覺行動。

在巴塞爾乃至瑞士，全民積極參與保護水資源和環境。瑞士聯邦政府和相關各州級政府部門除了不斷將新頒布的各類環保法隨時公布在網上以外，還將環保教育內容納入了全國中小

學校的必修課，專門開設有「人與環境」課程以增強全民環保意識。法律明確規定了沿江河企業及居民水資源如何分配、水的使用量以及對過度浪費水資源的懲罰等。節水設備及居民的節水行為使居民用水量大幅下降，水資源保護工作做得卓有成效。目前瑞士環境保護團體關注的首要問題已經從過去的水體保護發展為關注全球溫室效應、地下廢物處理、交通問題和能源問題等。

## 5.8 突發事件的應對機制

桑多茲火災發生後，萊茵河沿岸各國環境部長在短時間內召開了3次會議來討論萊茵河污染問題。在污染水波侵入北海之前，於1986年11月12日在瑞士蘇黎世召開了一次各國環境部長級特別會議，就該事故的情況和其對萊茵河水質的影響以及相關經驗教訓相互交換意見。鑒於瑞士一直以來為淨化整治萊茵河做出了大量努力，會議並未譴責瑞士，旨在促進瑞士政府有關部門與萊茵河沿岸各國之間的信息交流，要求對加強國際合作採取措施，加強國際預警、警報系統，杜絕類似事再次發生，並明確了在預防突發事故方面的漏洞和不足，授權ICPR擬定進一步行動計劃。會議還討論了有關這次事故所造成的損害賠償問題。針對突發水污染事件，歐盟逐步建立了綜合安全風險評估、應急規劃、應急準備制度、信息管理系統等完整的預防和控制管理體系。

巴塞爾方面對這場污染事件也做出了迅速而激烈的反應。巴塞爾政府出抬了一系列重要決策，並針對防火對化工企業提出了幾個明確要求：倉庫的燃料禁止成堆堆放，應分門別類存放；化工企業須修建廢水池，廢水不能直接排放；一旦有火災發生，需防止燃燒物排放到河。尤其重要的是，政府要求所有化工企業須申報所有化學原料和原料燃燒後可能發生的反應，一旦火災發生，政府就能第一時間獲悉燃燒物質情況及可能產生的後果，以便能夠及時採取正確的應對之策。如果企業有泄

廢物品污染了河道，將面臨的最重處罰是停產。事實上，1986年之後，巴塞爾沒有一家企業因污染河道而被罰停產，企業都非常重視環保問題，自覺遵守相關規定。

桑多茲污染事件後，巴塞爾還成立了一支官方水域保護隊，全天24小時實行警戒，可以在污染水質的事件發生時進行干預。此外，該市還成立了一個國際性的萊茵河預警組織，如果巴塞爾州內發生了危害萊茵河的事件，州環境、能源部門立即發出國際性的警報，由萊茵河監測站再通知德國、法國、荷蘭等下游國家，及時調整飲用水等。

除此之外，桑多茲公司也做出了一系列補救措施：向法國政府和漁民支付了賠償金；成立了「桑多茲—萊茵河基金會」，專門研究恢復萊茵河生態系統；捐款730萬美元給世界野生生物基金用以資助一項三年期的萊茵河動植物恢復計劃。

由於完善的法規、嚴格的管理及企業自身強烈的責任感，巴塞爾自1986年後再沒發生過此類大型河道污染事件。鑒於一系列完整完備的應對措施，即使有突發事件，政府也能夠做出及時而正確的反應。萊茵河如今重新成為巴塞爾市民放心的飲用水源和自由暢遊之地。

綜上所述，針對桑多茲污染事件，有關當局的做法是：一方面盡快採取應急處理措施，為降低傷害、減少損失爭得主動。主要措施包括：及時就事故情況通報下游國家；發公告告誡受污染區居民面臨的危險，立即關閉受污染區的自來水廠，臨時換用其他方式向居民提供安全飲用水等。另一方面是對賠償持謹慎態度，同時積極致力於建立防治污染的長期機制。其措施有：有分歧可以通過外交談判途徑解決；建立和完善信息交流渠道；就防止污染和減輕損害達成協議；提供水質監測設備、設施援助等；實施雙邊中長期流域治理計劃；加強基礎設施建設，切實促進國際雙邊在界河段水環境保護方面的實質性合作。

## 6. 總結

　　半個多世紀以來，萊茵河走了一條「先污染、後治理」的彎路，萊茵河保護國際委員會成立後，流域各國更注重實施全局行、整體性、統一協調的措施，不再片面地採取單獨的流域活動或單純依靠工程技術實行管理。在流域各國長期的協調合作與共同努力下，萊茵河終於擺脫了「歐洲敞開的下水道」「浪漫的臭水溝」的惡名，水質恢復清澈，魚類迴歸，重新恢復盎然生機，變成世界河流管理的樣板。得益於「萊茵河2000年行動計劃」和「萊茵河2020可持續發展計劃」的逐步開展和成功實施，萊茵河鉛、銨、氮、磷等含量已經大大降低，水質已有很大程度的改善；流域內水生生物多樣性得到大幅度恢復，鮭魚等一些多年不見，甚至已經被人們淡忘的魚類和水生植物種群神奇般在短期內重現了；河流洪災風險降低，安全性大大提高；河流旅遊價值提高了，河流水文化迴歸，吸引著越來越多遊客觀光，重新體現出重要的生態美學價值。

　　在流域各國的努力下，萊茵河的保護管理工作取得了很大的進展和成效，被認為是世界上管理得最好的一條河，是世界上人與河流的關係處理得最成功的一條河。2002年，聯合國教科文組織將萊茵河中遊的賓根到科布倫茨的65千米長的河段列為世界文化多樣性景觀自然保護遺產。萊茵河從傳統的以單一的水資源為主導的流域管理向以可持續發展為目標的可持續管理轉變過程；跨國協調合作的經驗；由此提出的水資源管理戰略和對策；採取的治污、防洪、恢復生態的做法對全世界大江大河的管理都有著非常重要的借鑑意義。

# 第五章

# 法國的流域管理案例研究

# 1. 法國的流域管理概況介紹

## 1.1 法國行政概況介紹

法國的行政區劃為大區、省、市鎮三個級別，法國共有 26 個大區（其中包括四個海外大區），101 個省（其中法國本土 96 個省、5 個海外省），36,783 個市鎮（其中 214 個海外市鎮）。大區、省和市鎮都由各自的議會管理。

省是比大區低一級別的行政區域，每個大區包括數個省。跟大區相似，省由每六年直接普選產生的省議會管理和對其經濟和社會領域的事務進行財政撥款。各省是在 1790 年法國大革命中建立起來的，標準之一是所有的公民能夠在一天內到達專區政府所在地，每個省有一個省長管理行政事務。

在大多數情況下市鎮是最小的行政劃分區，對應一個鄉村或者城市。市鎮由選舉產生的市議會治理，後者由市長主管。他們的權限不一，擁有自己的財政預算。

法國的三個最大的城市（巴黎、馬賽、里昂）又劃分為 45 個市區，相當於附屬市鎮，擁有（市區的）區長和區議會。

除了行政劃分，為了改善各鄰近市鎮在公共交通、經濟區域等方面的合作，法國還成立了許多共同體，整合了不同層次的協作。目前，有 32,223 個市鎮（即 88.1%的法國本土市鎮）歸入 2,510 個共同體。

城市共同體是等級最高的市鎮間合作，共有 14 個，下轄 50 多萬居民，並且至少包含一個人口多於 5 萬的城市，職能甚廣，包括經濟規劃、交通管理、用水管理、垃圾處理等。

城郊共同體針對一個至少有 15,000 人的城市的周邊區域，共有 156 個；而 5 萬人以上居民規模的社區，職能通常比城市社區小；2,334 個市鎮共同體沒有人口限制，但職能更小。

## 1.2 法國的流域管理概況

　　法國境內河流縱橫交錯，水道四通八達，可通航河流總長度達 8,500 多千米，形成遍布全國的水路交通網。法國本土的主要河流多發源於中央高原，向西北和東南方向呈扇形分佈，分別注入大西洋和地中海，分別有：法國第一大河盧瓦爾河，全長 1,020 千米，是法國最長的河，流域面積為 12 萬平方千米，流經中部高原，注入大西洋比斯開灣。法國第二大河羅納河（Le Rhône），全長 812 千米，在法國境內 522 千米，流經法國 20 個省，流域面積約為 9.9 萬平方千米。塞納河（La Seine），全長 776 千米，流經巴黎市區，其流域面積為 7.8 萬平方千米。加龍河（La Garonne），全長 650 千米，發源於西班牙境內，流經法國南部，流域面積 5.6 萬平方千米。馬恩河（La Marne），全長 525 千米。萊茵河（Le Rhin），全長 1,298 千米，流經法國邊境長度 190 千米。法國還有一些湖泊，較大的有萊蒙湖（Leman）、布爾熱湖（Bouget）、卡爾康湖（Carcan）等。其中：塞納河、盧瓦爾河、夏朗德河、加龍河等注入大西洋的河流的流域面積約占全法國國土面積的 72%；羅訥河、奧德河和瓦爾河等注入地中海的河流的流域面積約占20%。萊茵河、摩澤爾河、默茲河和斯海爾德河等為國際性河流，河川年徑流量為 18,000 億立方米。地下水豐富，水質良好，降水時空分佈均勻。法國年均降雨量為 800 毫米，干旱年不足為 600 毫米，年均水資源總量 2,000 億立方米，法國人均水資源量約為 3,400 立方米。

　　法國流域管理以流域劃分為單位進行水資源管理，而且取得了較大的成功。根據地域特徵，法國劃分了六大水域：阿杜爾—加龍河流域（Adour-Garonne）、阿圖瓦爾—庇卡底流域（Artois-Picardie）、盧瓦爾—布列塔尼流域（Loire-Bretagne）、萊茵河—莫斯流域（Rhin-Meuse）、羅納—地中海—科西嘉流域（Rhône-Méditerranean-Corse）、塞納河—諾曼底流域

(Seine-Normandie)。法國流域管理有三個層次的機構參與進來：國家級、流域級和子流域級。國家級的管理機構如國家水務委員會。前者負責水政策的諮詢支持，對於關於水政策的立法草案、水法改革及政府流域管理的規劃進行建議和提出意見，並不直接介入和參與流域管理。流域級的管理機構就是上文提到的六大流域的流域委員會和水務管理局，流域委員會的職能相當於流域範圍內的「水議會」，通過定期的會議，制定流域水資源開發與管理總體規劃（Schéma Directeur d'Aménagement et de Gestion des Eaux，SDAGE），通過諮詢區域和地方議會後，審議該流域的用水和開發計劃與其執行機構水務管理局所提交的取水和排水水費與費率，並追蹤這些計劃的實施過程和進度。而水務管理局則由董事會管理，負責水費的徵收，對水利工程建設或維護進行投資，根據「誰用水，誰付費」的原則計收水費。子流域的管理機構就是水務委員會，主要職責在於擬定與水資源開發和管理總體規劃相契合的子流域水資源開發與管理計劃。該計劃明確了子流域地區的一些具體目標，如用水量的上限、水資源的保護、該地區的生態保護等，並根據這些目標制訂具體的措施和計劃。這三級流域管理機構並不是直接的隸屬關系，但相互關聯。這些機構的關系如圖 5-1 所示。

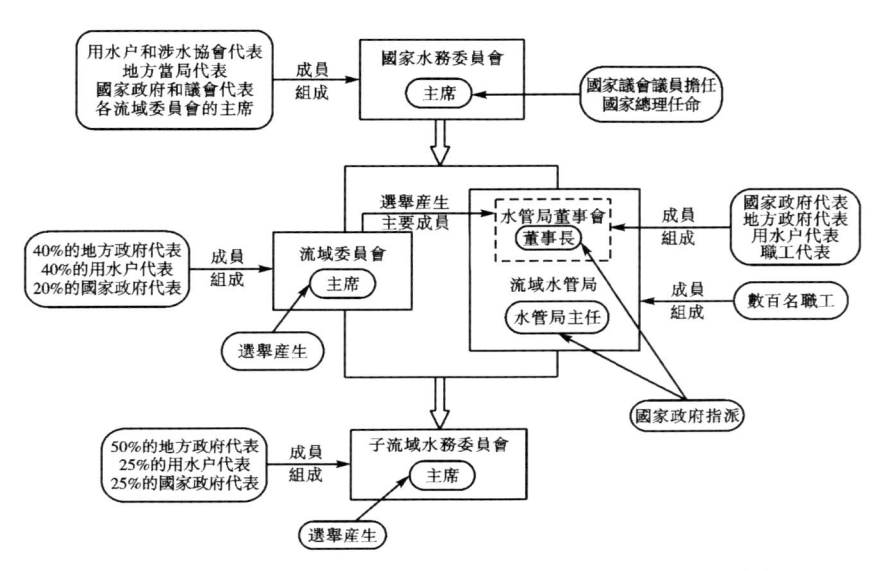

圖 5-1 法國各級流域管理機構的組織關係（韓瑞光、馬歡、袁媛，2012）

# 2. 里昂市的流域管理案例

## 2.1 里昂市及該段流域基本概況

　　城市和河流的關係一直是被探討的話題。在歷史上，河流往往受到城市繁榮和發展的影響，而城市無法一直成功地應對河流水漲水落的問題，並很容易為之束縛。年復一年，河水水位起起落落；岸邊的人們往往在河岸建造陡峭的堤壩來抵禦洪水。有些河岸城市通過建造蓄水壩控制和調整水流量與水位，來滿足商業往來和能源生產的目的，如羅納河沿岸城市里昂。40 年以來，里昂市內河段大部分由皮埃爾—奔奈大壩調控，這個大壩位於里昂市段，由法國第二大電力集團國立羅納河公司建造。

### 2.1.1 里昂市概況簡介

　　里昂是法國東南部大城市，人口達 130 萬，面積約為

47.95平方千米，是法國羅納-阿爾卑斯大區的首府和羅納省的省會，法國第二大都市區，常被稱為「外省首都」。羅納河和索恩河在城市的南端匯合，兩河之間的半島是里昂的市中心區。

里昂是法國重要的工業城市，里昂製造業部門多樣，以機械、化學、紡織為主，能源（煉油、電力）、冶金、食品工業也占一定比重。機械工業以汽車、電機生產最重要。里昂也是全區最重要的紡織工業中心，紡織工業中以傳統的絲織業著稱。19世紀，清朝曾派一批青年專門來里昂學習蠶絲工藝。里昂著名的織造博物館裡300萬件織造物樣品和1.5萬件衣料與成衣中，中國歷代絲綢精品佔有重要的位置。文化方面：里昂是文化與藝術之都，在羅馬時代就相當繁榮，1998年被聯合國教科文組織列為世界人文遺產城市。里昂是歐洲文藝復興時期的名城，是法國的「文化之城」「美食之都」「壁畫之都」；里昂也是電影的誕生地。里昂舊城的中心布滿了中世紀的建築和教堂，這使它有了「擁有一顆粉紅的心臟」之城的美稱。里昂的科研和教育事業發達，共有20餘所高等院校和科研機構，是巴黎之外最重要的教育中心。

### 2.1.2 羅納河（Le Rhône）概況簡介

羅納河是歐洲的一條重要河流，發源於瑞士伯爾尼山，流至里昂後又轉向南流，最後在馬賽以西50千米處注入地中海。河流全長812千米，流域面積為9.9萬平方千米，其中在法國境內長約500千米，流域面積為9.06萬平方千米。河口平均流量為1,710立方米/秒，平均年徑流量為539億立方米。干流從法、瑞邊界至里昂稱上羅納河，里昂至地中海稱下羅納河。里昂在羅納河流域是舉足輕重的城市。

羅納河還有其主要支流索恩河（La Saône）為其分洪泄流，索恩河是一條通向法國北部工業化地區的重要商業連接線。

由於阿爾卑斯山脈的影響，羅納河平均流量很大。里昂的

流量達每秒 640 立方米；這裡僅索恩河水就占每秒 400 立方米。另有支流伊澤爾河所增添的流量為每秒 351 立方米。由於受阿爾卑斯山脈融雪的影響，5 月河水平均流量最高，而索恩河的流量 1 月最大。羅納河春秋汛期的洪水巨大可怕，在三角洲正上方的博凱爾（Beaucaire）處流量達每秒 13,031 立方米。因此，羅納河水量豐沛，而且從上游到下游的海拔落差很大。例如，里昂距海 330 千米，而海拔高度為 171 米。正如三角洲面積大小所證明的，羅納河輸送著大量衝積物，並有十分巨大的能量可切穿各種不同的岩石。所以，今日的羅納河很適合電力生產；過去雖不易於航行，但現在它是從地中海到里昂的重要航運水道。

## 2.2 里昂段流域管理開發的歷史及現狀

### 2.2.1 里昂段流域管理開發歷史

里昂市被索恩河（La Saône）與羅納河環抱，風景優美，氣候宜人。而 6~21 世紀，里昂河段的堤壩容貌是什麼樣呢？在這個時期，里昂常常陷入洪水帶來的困境之中，歷史上洪災與里昂段河貌的歷史緊密相關。最初，里昂市中心建在西邊可以俯瞰整個里昂市的富維耶山（La Fourvière）山頂上，這個古羅馬城市很快在索恩河的兩岸與羅納河右岸的衝積平原上發展了起來，與河運相關的經濟，如倉儲業和手工業，逐步興起。在公元前 10 世紀左右，索恩河和羅納河之間的區域被占領。在公元前 1 世紀，衝積平原上的里昂遭遇了連年的洪災，儘管考古學家們在舊河岸附近進行過考古發掘，但至今也未找到里昂被堤壩保護的證據。從公元前 1 世紀末到公元 2 世紀初，里昂經歷了水文發展最艱難的時期。根據放射性碳的邏輯數據，在舊鐵器時代（公元前 800—公元前 350 年），里昂在羅納河衝積下形成，河水蜿蜒而下，湍急的水流攜帶了大量的泥沙。

羅馬時代末期到中世紀中期，這塊衝積平原一直處於洪水肆虐的黑暗之中，至於河流與城市之間是否存在互相影響，我

們也不得而知。羅納河右岸是位於堤壩上的里昂，左岸則是從原始史時期開始，由於羅納河改道形成的寬度超一千米的一片農業用地。從 13 世紀開始，洪水攜沙量增加、洪水水位上升，使得羅納河河面不斷變寬。到 16 世紀，在里昂上游的羅納河發生了變化（中世紀羅納河蜿蜒而下，變成現代支流遍布的樣貌）（Bravard，1989）；這可能是由於羅納河和索恩河在流經里昂時河床變高形成的（進入里昂的多餘沉澱來自於索恩河一支重要支流，安省的阿澤爾格河是羅納河的支流）。

  1772—1774 年，工程師莫朗（Moran）主持建造了羅納河上的一座新橋，這座橋和新修的碼頭開啟了羅納河左岸新街區布羅托（Brotteaux）的發展。然而，里昂在這個時期又受到了洪水的重創，尤其是在 1754 年、1769 年、1812 年和 1825 年。也正是在這個時期，里昂市城市化得到了發展，水文氣候卻變差了。因此，靠近里昂的河段河面變寬，水位變高，這使河道改道威脅著城市，因為河道可能會遠離半島碼頭，而這個半島保障了貿易往來。金頭堤壩（La Tête d'Or，1759—1769）首次固定了羅納河河道，隨後，其在下游的延伸使羅納河的寬度控制在了 200 米。衝積平原的入口由於上游大營地（Grand Camp）地面上升（1836—1839）而合攏，然而 1840 年 10 月羅納河的大洪水淹沒了羅納河的左岸和半島。隨後，由於索恩河泛濫，改變了索恩河在半島內的流向，而羅納河的洪水卻阻止了水平面的繼續上升。里昂自身並未充分具備完全防禦洪水的能力，里昂市為民間的收容所購置了大量地塊，這些區域排水情況糟糕，但這對金頭公園進行整修是有利的。於是，這些收容所在一座不沉的堤壩和填土的基礎上，實現了這片區域的城市化，並從中獲益頗豐。然而這個情況只能是暫時的：1856 年 5 月，羅納河的水流量高出莫朗橋處在枯水季的水位 6.6 米（Pardé，1925），上升的洪水造成了嚴重的災害：1,800 餘棟房屋垮塌。1858 年的法律規定，用必需的資金建造能為里昂抵禦世紀洪水的「布羅托永不被淹沒的堤岸」（1857—1859）；

其後，為了免除河水對堤壩側面的衝刷侵蝕並抵禦洪水，里昂市上游的堤壩和城中碼頭的數量增加了一倍，並在河邊修建了一座低壩，同時在一處河岸做了填土，以擴大河岸的面積。

自 1538 年建造的首個堤岸碼頭後，索恩河的河岸建造了一些碼頭或樓梯，以滿足船舶的卸貨需求。在 19 世紀，里昂市對這些碼頭進行了系統性地調整。為了保護河邊街區、利用河邊的地塊，里昂市政廳在右岸也修建了碼頭。於是，里昂市河段的經濟功能就轉移到了半島的上游和下游，所謂經濟功能，就是通過流域水力創造經濟價值，比如下文提到的皮埃爾-貝寧特（Pierre-Bénite）水利工程便是通過水力發電創造效益的。

1960—1990 年的皮埃爾-貝寧特與里昂市段航道的樣貌又是什麼樣呢？在東澤爾—蒙德拉貢運河（Canal de Donzère-Mondragon）整治（1952）投入使用後，1934 年便成立的國立羅納河公司（CNR）加快了建造一系列的水利工程。這些水利工程的功能有三：能源生產、水運和灌溉（據 1921 年羅納省法律）。而在索恩河和羅納河內河航運有機聯合中，位於兩河交匯處的里昂起到了首要作用。為了廢除拉米歐拉緹艾小船閘，建造一個統一的大港口［羅納河左岸的愛德華·赫里歐（Édouard Herriot）港口］，里昂市給工廠提供了大量填河得來的土地，國立羅納河公司修建皮埃爾—貝寧特工程，該工程於 1966 年投入使用。事實上，水壩重建了羅納河和索恩河兩河的河道，並使里昂流域完全平衡了不同季節不同的水流量，同時保證了對大洪水的抵禦能力。

這是因為一些政府部門進行了相關流域規劃並執行了這些預見性的措施。採取的兩項措施分別是：

（1）繼續實行羅納河里昂段入口處河床疏浚，並繼續向里昂段下游延伸。

（2）1933 年，由法國政府授權於國立羅納河公司開發法國境內羅納河的特許權，目前，綜合開發已經完成，仍由羅納河國立公司負責管理水壩，這需要將市中心河段水位保持在

161.5~162米的低水位（水流量則是330m³/s）。小洪水出現時，在離上游3千米處的定位點，水壩閘門開啓將水位降低到162米以下；而當水流量超過3,000m³/s時，河段水位又會重新上升到整治之前的水平。

2.2.2 里昂市段流域管理現狀

羅納河複雜的水文特點向里昂市提出了不小的挑戰，然而對該河段水位和衝積層的校準與規劃，與在城市上游河段所觀測的數據相對照，這已被證明是很精確的。由於歷史上流域管理過程中修建了水利工程，因此里昂市現存兩套交叉的技術系統：一套是大型技術系統。這套系統的特點是堤壩近乎垂直，或可以通過樓梯，或由斜坡垂直跨越的堤壩。另一套則是「低水平位置的碼頭」。這些碼頭的水平位置剛剛達到皮埃爾—貝寧特工程運行後作用下的平均水位以上。20世紀60年代，在里昂市，汽車可以在河岸行駛就已經實現了；里昂市政廳不僅在羅納河「低水平位置的碼頭」上修了近1,700個泊車位，索恩河河岸上也有停車場。如何進入里昂市河段流域的兩個留存技術系統互相適應的「後現代」時期？這是20年來里昂流域管理政策的關鍵所在。

在公共服務方面，里昂市政廳也做出了的努力。里昂市不僅修建了完善的公共設施，而且擁有便捷的公共交通。值得一提的是，在2005年5月19日，里昂市就推出了公共自行車vélo'v。這是一種自動的公共自行車系統。vélo'v由法文「vélo」（自行車）和英文「love」（愛）組成，意為「熱愛自行車」。這個系統允許用戶在一個租賃點取車，但可以在不同的租賃點還車。根據不同的預付費方式，用戶可以享受半小時到一小時的免費使用時間，超出部分費用也很低廉。系統簡單、新穎、便捷，被里昂市民廣泛接受，每天平均被租借10,000次。

里昂的經濟也一直在不斷發展。例如：里昂市鎮共同體2010年的財政預算是16.653億歐元，財政收入來源於五個方面：稅收約占總收入的33.3%；中央政府財政轉移支付約占

總收入的 23.33%；借款約占總收入的 19.21%；國家補助約占總收入的 4.11%；其他收入約占總收入的 18.02%。

### 2.3 流域環境的變遷

由於里昂市居民和市政廳開始逐步關注兩河河岸功能開發的問題，里昂市河段羅納河和索恩河兩岸的環境也有了質的改變。河岸發展可以劃分為四個階段：

#### 2.3.1 河岸環境變遷的第一階段——20世紀80年代初期

第一階段始於 20 世紀 80 年代初期。當時，里昂市河段的河面上停滿了駁船，這些駁船卸下了帆檣，其功用是作為漁民的住宅。一開始，人們關注的目光就停留在了這些駁船上，並質疑他們的存在對環境產生了不好的影響。當然，市政廳和議會通過商議，頒布了保障這些駁船相關利益的規章制度。特別值得一提的是，里昂市城市委員會於 1987 年從管理公共領域的河流航運管理局獲得了管理河岸 30 年的特許權。然而一旦發生大洪水，這些駁船的下錨處仍是無法抵禦洪水的，政府部門一直以來對此甚為憂慮，這需要實施具體的措施來應對。毋庸置疑的是，皮埃爾—貝寧特水壩對水位的調節使這些漂浮的住宅更易拋錨停泊，消除了政府部門和居住在駁船上漁民們的後顧之憂。在第一階段，這讓河面上的駁船更有序更安全，也更有利於市容市貌的改善。

#### 2.3.2 河岸環境變遷的第二階段——20世紀80年代末期

第二階段始於 20 世紀 80 年代末期。政府對克羅德·貝爾納碼頭進行了整修，包括最早在河岸種植樹木，安放供行人休息的長凳，並設立了巡航船只的接待點；同時還專門修建了一條自行車道，重新治理羅納河河岸的縱向理念由此開始。如今這個理念隨著羅納河—索恩河委員會所制訂的自行車道計劃的實施取得了成功。小汽車駕駛者能繼續在河岸邊的車道上駕車行駛，隨著新舉措的實施，行人和自行車愛好者也可以在河邊面向他們開放的狹長地帶活動。臨河的安東龐塞特廣場也得以

開放使用。這次開放的雙重目的是：一是創造城市與羅納河之間的橫向聯繫；二是在里昂已然成為國際化城市的背景下，羅納河需要重現其活力，以展示其魅力。

### 2.3.3 河岸環境變遷的第三、四階段——20世紀90年代初期

第三階段始於20世紀90年代初期。里昂市通過舉辦有意義的體育活動來開發河岸的休閒娛樂功能。第一個活動是：9月的某一期《週末》雜誌中撰文提出了通過宣揚整治流域的好處，在河岸為里昂市民組織體育文化活動，於是國立羅納河公司便舉辦了「羅納河節」。如若追溯歷史的話，最早在20世紀60年代末期，在羅納河畔修建的游泳池就已經讓河邊碼頭具備了體育功用，而且這個游泳池還占用了停車場的一塊用地。最後一次活動則是：2003年正值環法自行車賽100週年，此時開始了「露天咖啡館碼頭」工程，這個工程項目地址位於學院天橋和吉約蒂埃橋之間。里昂市河岸的「低水平位置碼頭」的蛻變與巴黎河岸工程十分相似，然而這的確純屬巧合。二三十年以來里昂市兩河河岸形象的提升，我們不能不說這確實是與時俱進的。莫郎橋下旱冰的連續滑道的創意更為新穎。2003年5月羅納河河畔舉辦的「里昂河流節」（也稱「里昂夏威夷節」）也極具創意，「里昂河流節」在里昂北部郊區的羅納河河床上、戴沃高架橋下舉行。主辦方認為，首屆城中划艇嘉年華凸顯了羅納河休閒娛樂的功用。

第四階段與第三階段實際上是同時開始的，這很好地說明了城內河流流域網的環保意義。人們認為這些自然界面，也就是未被人類活動擾亂的由河流流域所支配的界面（大量沉積物的衝刷剝蝕和沉澱，同時河流被水生植被覆蓋，最後沉積物加高河床，植被逐步向喬木類樹木變化）變得非常稀少了。1991年，藍色計劃是這樣描述聖-克萊爾對面、羅納河左岸的河岸的：「……凸面的河岸是一塊大面積的沙石地，岸邊生長著柳樹和楊樹，繁茂的樹木有覆蓋整個河岸的勢頭。這片荒無

人烟的土地一部分是动物隐匿的栖身之所……」；這份文件明確地指出必須保護里昂下游的河灘，並指出「在市中心，這些保持自然狀態的地帶只是被社會邊緣化了」，這證明了這些原生態地帶未來將因為「社會化」而消失。1993年，因為北部郊區的建設而對美麗的聖-克萊爾的破壞，說明了功能主義理念在里昂取得了勝利，人們更重視地塊的社會功用，保持自然狀態的觀點自然被忽略；並在同時，在金頭橘園舉辦的展覽會上，市政廳向居民們介紹了路政局計劃和聖-克萊爾區域未來可能的髒、亂、差問題。但在第二版的藍色計劃中，理念就已經發生了一些變化，明確提出了以下目標：「保護生物種類依然豐富的自然界面」。此版計劃承認了已經實施的所有大型工程「使里昂市的原生態地塊生物的多樣性大大減弱」。

2003年春，在羅納河河岸整治計劃的介紹中，規劃者提出了規劃的關鍵所在。沿著羅納河五千米的河道、面積為八公頃的低水平位碼頭上，里昂市政廳想讓羅納河左岸既具有城市風範，同時仍保持自然風貌，「重新與河流聯繫起來」，創造一片「自由場所」，成為未來可持續發展的「示範性」公共場所。總而言之，這無疑是極具城市特點的方案，方案中規劃了與水面平齊的長長的步行公園，雖然洪水時節可能會被淹沒。

這四個階段的河岸功能整治，不僅使河岸得到開發使用，更改善了居民的休閒娛樂環境，增加了里昂市的人文氣息，讓這座城市再次恢復了生機。

### 2.3.4 羅納河河水的改善

通過羅納河開發計劃的實施，並根據近30年的連續觀察，在少數迂迴河段，水質有富營養化現象，通常這些河段流水清澈，隨著污染的減輕，生物活動以及自淨能力有所提高。但由於羅納河梯級水電站的運行，河流中底棲動物在兩三年內可能會出現退化和失衡現象。在一些短的迂迴河段，由於流量小、流速低，更加劇了這一現象。後來，生態環境逐步恢復，出現了與以前不同的情況，魚類平衡方面的變化是很小的；由於羅

納河流域的人類活動，特別是在里昂市下游沿河修建了公路、鐵路和人工綠地帶，陸地野生動物變得稀少；但同時由於大片水域的存在，鳥類動物有了很好的棲息地，河流開發形成的沼澤地帶也成了鳥類長途遷移的歇息地。里昂河段的生態環境有了積極的發展變化。

## 2.4 里昂市流域管理措施

### 2.4.1 疏浚加深河床及修建皮埃爾—貝寧特水利工程

正如上文中提到的，歷史上的里昂經歷了多次洪水，低窪的河岸地區時常被洪水淹沒，造成不可挽回的人員和財產損失。於是，流經里昂市的兩河河段開發的主要目標之一便是防洪抗澇，1933年法國政府授權國立羅納河公司開發羅納河瑞士邊境至地中海河段的特許權。通過1966年正式投產使用的皮埃爾—貝寧特水利工程，國立羅納河公司疏浚加深河床，不僅實現了防洪的作用，還保證了航道的暢通及兩岸的農業灌溉，並在羅納河沿河修建多個低頭水電站，通過水力發電，獲得相當的經濟效益。

### 2.4.2 修建碼頭和風景帶

在洪水肆虐的年代，里昂市兩河河段的兩岸不僅遭受財產和人員損失，其生態環境也在洪災的威脅之下。在里昂市政廳、法國政府和各級水資源管理部門的共同努力下，三方合作，在合適的選址上修建可以供船舶拋錨靠岸的碼頭，連接了水路和陸路。並在羅納河岸邊修建了人行道、自行車道和汽車道以及停車場。（見圖5-2）

圖5-2

羅納河岸維克多碼頭剖面圖（見圖5-3）：船舶與岸邊相連，可經過休閒區、草坪、人行道、自行車道到汽車道。

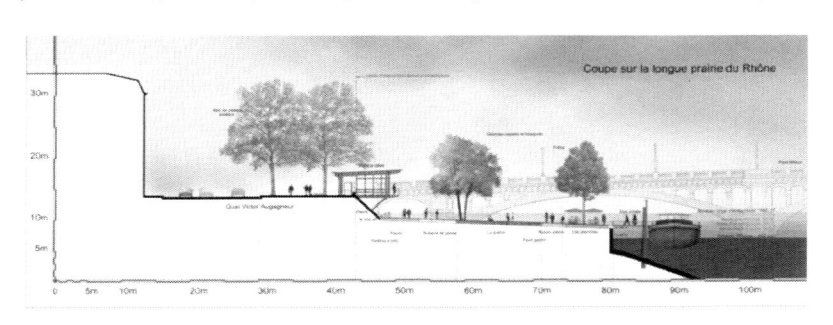

圖 5-3

這類規劃不僅美化了河岸環境，而且給居民提供了具備多種休閒娛樂功能的場所。

### 2.4.3 市政廳與各級部門合作開發河段

里昂市政廳遵循國家、流域和子流域三級的合作模式，同時與國立羅納河公司、羅納河流域水務局共同合作開發羅納河。比如羅納河的一條支流——皮埃爾·貝寧特，由於大部分水流量被導向一條渠道以用於電力開發和內河航運，因此原河道生存的魚類和生態所需水量不足，里昂市政廳要求由國立羅納河公司負責增加這條缺水支流的水流量。國立羅納河公司的解決方案之一便是改進閘門的運行方式，增加自然水流，同時為了不減少發電量，設計了一個低水頭驅動的特別發電廠。這一方案不僅促進了濕地恢復、水量增加，還額外建設開發了一個小型發電站。無論是里昂市政廳、里昂市居民還是國立羅納河公司均從中獲益，市政廳相關水務部門規定了保障河水水質的最小流量值，在保證漁業環境改善以及環境好轉的同時，國立羅納河公司還可以進行發電。國立羅納河公司從這個小型水電站中經濟收入不多，但為河水水質改善做出了貢獻，為了補償，羅納河流域水務局對其進行補償21年。因此，梯級合作協調模式對於流域管理非常重要。

## 3. 羅納河口省（Bouche-du-Rhône）支流環境保護案例

### 3.1 羅納河口省支流流域基本概況

　　羅納河口省位於法國東南部，是法國普羅旺斯—阿爾卑斯—藍色海岸大區的一個省份，人口數約為198萬，是法國人口數第三大的省，面積約為5,087平方千米。之所以該省名稱為羅納河口省，顧名思義，是因為羅納河注入地中海的河口位於該省，且許多支流注入羅納河。

　　羅納河口省的省會城市——馬賽（Marseille）也是普羅旺斯—阿爾卑斯—藍色海岸（PACA）大區的首府，是法國第二大城市和第三大都會區，人口約170萬，位於地中海沿岸。馬賽是法國最大的商業港口，也是地中海最大的商業港口。

　　馬賽東南瀕臨地中海，水深港闊，無急流險灘，萬噸級輪船可暢通無阻；西部有羅納河及平坦河谷與北歐聯繫，地理位置得天獨厚。全港由馬賽、拉韋拉、福斯和羅納聖路易四大港區組成，年貨運量1億噸，為法國最大的對外貿易門戶。馬賽是法國的一個重要工業中心，這裡集中了法國40%的石油加工工業。馬賽的修船工業也相當發達，其修船量占全國此行業的70%。新港區有大小船塢10個，其中第10號船塢長465米、寬65米、深11~12.5米，能修理世界上最大的船只——80萬噸級的油輪。馬賽幾乎可以說是法國歷史最悠久的城市，它始建於公元前6世紀，公元前1世紀並入羅馬版圖，後衰落幾近絕跡，10世紀再度興起。1832年港口吞吐量已僅次於英國倫敦和利物浦，成為當時世界第三大港。

　　羅納河口省經濟地位在法國舉足輕重，航運、手工業、工業都很發達。

## 3.2 羅納河口省支流流域管理開發的歷史及現狀

羅納河口省和法國其他省份一樣，在二戰以後工業有了快速的發展，隨之而來的卻是大量的污水被排入到各條河流中，不僅影響了當地的生態環境，還影響了當地漁業和旅遊業的發展。

### 3.2.1 羅納河口省支流流域管理開發歷史

羅納河口省在 20 世紀 60 年代污水處理站很少，尤其是鄉村地區，法國在 20 世紀 90 年代初期大約只有 11,000 個污水處理站。據全國統計及經濟研究所對市鎮的盤點，羅納河口省淨水站已經較為完善了，這是顯而易見的，可以解釋為由於人口湧向城市內和城市周邊，這些新的城市人口對河流流域地區增加的壓力造成的。

隨著工業和經濟的發展，法國經歷了快速的城市化進程，外省承受著來自城市的巨大壓力。在外省，比如住宅分散、許多設施不完備等原因，在空間利用方面存在著許多矛盾，而且許多設施的衛生還是自主管理的，並沒有公共部門干預。在這種背景下，城市周邊的河流承受著巨大的壓力，遭到了嚴重的污染。一些專家認為羅納河口省在法國黃金 30 年期間，是該省環境保護的灰暗時期，在這輝煌的 30 年，絕對的首要任務是發展經濟和工業，根本不考慮污染風險。當時的一些強硬理由如下：不保護環境並不會觸及集體的經濟利益，況且普羅旺斯運河可以持續提供可飲用水，因此政府公共部門並未優先考慮保護自然資源；因為經濟發展帶來的好處會超越河流保護的利益。該省因而成為許多危險污染的犧牲品（Le Bourhis, 2003）。比如在 1972 年，當電視節目「扭曲的法蘭西」攝製組採訪艾格布萊特湖附近的諾瓦拉瑟市（Novalaise）市長維克多（Victor）時，指出該市的污水是直接排入流向這個湖泊的河流的。而對於市長而言，財政撥款要用於污染的治理是遠遠不夠的。況且在經濟發展的潮流當中，先污染後治理也只是世

界上眾多工業化和城市化地區的發展老路而已。

羅納河口省最早的用水矛盾來自於惡性城市化和集約型農業活動。羅納河口省的人口數在1954—2006年翻了一番。20世紀70年代初，礁湖周圍市鎮的人口數經歷了增長速度最快的歷史階段。當然，這些市鎮也從本地工業的迅猛發展中獲益良多。良好的經濟狀況也讓艾克斯—普羅旺斯（Aix-en-Provence）附近的市鎮迎來了一批高收入人群。20世紀70年代末和80年代，這個現象持續存在，並影響到了附近的某些市鎮。如瓦爾省邊界和艾克斯周邊、呂貝隆南部的市鎮人口增加了。例如，1962—1999年艾克斯34個市鎮的居民總人口數從157,708增加到了332,653。坐落在艾克斯—普羅旺斯東部的紅色新城堡鎮1999年的人口數是1968年的11倍，從1968年的165人到1999年的1,869人，而在2006年則達到了2,109人。城市發展的原因在於地方的吸引力，尤其對於來自城市的中層管理人員或高層管理人員來說，他們希望更為舒適的生活環境，居住條件更傾向於選擇獨棟房屋。所以，那個時期分散建造的鄉間房屋也明顯地增多了。

隨著省市周邊的城市化，農業也失去了活力。豬圈和新城市不可能共存這個道理已經得到了證實，因為豬糞是耕地污染與河流污染的罪魁禍首。「在以前小範圍的傳統農耕環境中，這並不顯得尷尬，然而現在許多城裡人占據了鄉下的土地，住宅也迅速增多，這卻讓政府公共部門很困擾。」1960—1970年豬肉飼養業在羅納河口省以工業速度迅猛發展（15年從60,000頭發展至220,000頭）。這使得羅納河口省多少受到了污染。

隨著工業和經濟的發展，羅納河口省的用水矛盾也日益增多。在20世紀80年代初的汝克鎮，用水矛盾就曾經非常突出。城市化的發展使得城市範圍擴大到了農業地區，而農民卻還只是將豬糞棄於老式的糞坑或地坑中處理，這當然不可避免地會污染當地的河流，而且地下水層也未幸免於難。之後，普

羅旺斯運河集團加入了協商，這是解決用水矛盾的關鍵，因為在這裡，用水矛盾主要是飲用水的運輸問題，運河為村莊輸水的解決方案是完全可以實現的，所以用水矛盾也隨之解決了。

20世紀70年代，羅納河的支流之一、阿克河發生多次洪災與污染，在對當地漁民與河岸居民動員之後，委員們決定創辦幾個市鎮共有的研究聯合會，以提出一個能在20世紀80年代初期實施整治的方案。1984年，聯合會更名為阿克河流域整治鎮際聯合會（SABA，Syndicat d'Aménagement du Bassin de l'Arc）。這個創新組織的關注焦點集中在阿克河流域的污染問題，並匯集了當地的社區、行政部門、工業界和農業界的代表以及環境保護協會與漁民們。

20世紀60年代以來，羅納河口省城市周邊的支流保護的一個重要發展就是在當地建立分析環境標準。然而環境標準的建立並非易事，雖然在1964年《水法》頒布後，污水排放和處理政策的相關條款較為奏效，但在技術層面仍有待討論，因為這些政策旨在約束污染者。事實上，污染環境的單位將廢水傾倒至不同的河流，由於不同河流的特點，可能會導致污染環境個體或單位之間的不平等。因此，針對所有環境污染者確定的統一標準，絲毫沒有考慮地區差異的結果。研究表明，污水排放和技術處理要與市鎮實際情況相聯繫，地理因素（山區或平原、腹地或沿海、城市或鄉村）、歷史因素（傳統農業或無農業灌溉、當地與水域相關的歷史）以及社會經濟方面（旅遊業、財政支持）也是需要考慮在內的重要因素。

與此同時，對於居民社區來說，接納污水處理站同樣也是接納技術標準。法國可持續發展辦公室（ARPE，Agence Régionale pour l'environnement et l'écodéveloppement provence-Alpes-Côte d'Azur，ARPE）是一個混合型的協會，這個機構是普羅旺斯—阿爾卑斯—藍色海岸大區（Provence-Alpes-Côte d'Azur，PACA）和其所轄省份共同協商的成果，該協會將各省污水處理站開發技術支持辦公室（Syndicat d'Assistance

Technique pour l'Epuration et le Suivi des Eaux, SATESE) 的負責人集中起來。這個協會在各省監管之下，並能得到水務局50%的財政支持。在政府支持下，淨水站開發技術支持辦公室（SATESE）的目的在於完善城市周邊污水處理站。

可持續發展辦公室（ARPE）的主要任務是引導普羅旺斯—阿爾卑斯—藍色海岸大區（PACA）的地區委員會，尤其是在財政方面的抉擇。市鎮的淨水站設備大部分依靠不同機構給予的補貼來購買或優化升級，可持續發展辦公室（ARPE）在其中便扮演著戰略性的重要角色。可持續發展辦公室（ARPE）能參與到真正的環境政策的制定中去，利用支持研究的專用津貼款項整治支流流域。

此後，水務局也參與了協作，並對河流污染的整治進行指導。在財政方面，水務局宣布對當時的研究提供50%的資金，對工程實施則提供20%的資金幫助。根據其環境保護計劃，在下達命令時，尤其是對流域的總體管理有利的規劃政令，水務局在其中起了決定性作用。同樣地，普羅旺斯—阿爾卑斯—藍色海岸大區（PACA）的地區委員會也實施了河流整治的總體規劃措施。這些措施的目的在於「恢復河流與其河岸的風景，並提升其生態價值」。

最後，在國家層面，國家流域契約許可委員會審核所有提交的文件，並根據水利部規定的條件提供資金。比如1984年的阿克河案例中，國家流域契約許可委員會就要求將與「豬圈和酒窖的清洗」（Le Bourhis, 2004）相關的舉措包含在內。

同樣地，在20世紀80年代的拐點，即「精打細算」消費者協會（Union Fédérale des consommateurs Que Choisir, UFC）在與羅納—普朗克（Rhône Poulenc）化工廠的訴訟中勝訴後，河流污染便成了優先考慮要解決的問題，此後該消費者協會提出了一個「矛盾解決框架」。

1992年隨著新水法的頒布，當時阿克河流域整治鎮際聯合會（SABA）匯集了該流域地區30個市鎮其中的15個，要

求在河流周邊全部安排實施子流域水資源開發與管理規劃（SAGE），因為子流域水資源開發與管理規劃（SAGE）在地方上具有規範性作用，但這個議題僅在2000年舉行了投票表決，後來再也沒有就此議題做過表決。公共部門在流域管理方面（比如在地方水務委員會）也逐步隱退，因為一些政策與當地議員的政治願望相悖，比如相關的行政手續流程非常緩慢，極大地影響了具體措施的實施（Le Bourhis，2004）。阿克河流域的居民已經意識到了阿克河污染整治的必要性和迫切性。

城市化規模的控制也是支流保護的一種手段。由於經濟發展迅速，城市化進程加速，支流因此承受了人口和發展的雙重壓力。而城市的公共衛生也成為支流污染的重要因素之一。由此可見，水務管理和城市化管理緊密相連。1991年5月21日法國通過了「城市污水」處理指南，這個指南在水務管理和城市化兩個領域之間建立了直接關聯。其中規定了所有污水處理站必須相同，並能處理超過2,000人規模的居民點的生活廢水。在城市周邊區域，人口大量增多，河流自然承受了來自城市的巨大壓力，即便污水處理站還沒達到廢棄的年限，居民點也必須更新換代污水處理站的設施。然而，由於法國各區自主更換了非統一的設備，歐共體法院對法國進行了處罰。而此後的2006年的一次政府通報，規定了需要控制城市化規模，所以此後城市化也被認為是環境退化的原因之一。羅納河口省政府會提供資金建設污水處理站，但由於該省城市較為分散，實際上羅納河口省要實現改革確實也有一些困難。污水處理站的設備更新換代也是預防周邊河流污染的重點之一。

由於可持續發展的理念是崇尚密集型城市化的，城市周邊的市鎮必須重新審視他們的污水排放和處理系統（污水處理站網絡）。因為在20世紀80年代，普羅旺斯的居民聚居點都是分散的。在此條件下，出於經濟方面的考慮，自主污水處理技術在邏輯上是更優越的。在艾克斯—普羅旺斯地區，居民區

分散的某些地區在污水排放和處理存在著很大的問題，因為在衛生和環境退化方面，人們公認的是，非集中性的改造效果不會很好。政府的公共部門認為，非集中性的污水治理收效甚微，尤其是當居民點非常分散的情況下，水務管理部門是不可能對自主設置或更換的淨水設備進行細緻檢驗的，所以支流自然有被污染的可能。

### 3.2.2 羅納河口省支流流域管理開發現狀

在公共服務方面，羅納河口省的衛生和社會事務局（Direction départementale des affaires sanitaires et sociales，DDASS），即今天的（行政）區健康服務站（Agence régionale de santé，ARS）歷史性地同時進行水務和城市化的橫向管理。在羅納河口省，城市化是與水務相關的公共衛生的關鍵之處。該省的衛生與社會事務局的雙重權力造成的結果是，省內水務相關的公共衛生和城市化的關係變得較為刻板。有待城市化的地區將被納入公共污水排放和處理區域，以避免任何衛生風險因素。因為大城市建築物相當密集，這個衛生風險不能被忽視。每個市鎮確立的城市劃區決定了各個區屬於集中或非集中的污水排放和治理區域。而這其中最關鍵的標準是土地所能承受分散處理污水的能力：「在分散處理污水區域，不適用分散處理污水的地塊是不允許建造房屋的。」這樣，市鎮對排污地區就成功地實施了嚴格監控。

在羅納河口省，土地規劃和治污政策之間的關係在治污地區得到了銜接。自從1992年《水法》頒布以來，市鎮必須創立由政府認可的規劃區域，要接受公共調查並要得到市議會的認可。市鎮一分為三：分散的治污區域、集中的治污區域和雨水規劃區。旺塔布朗市（Ville de Ventabren）的案例就很好地說明了這個觀點。位於艾克斯—普羅旺斯邊界處的旺塔布朗市容納了大約5,000位居民。而老城區就佔了該市68%的可建築面積，許多獨棟房屋零散地分佈在該市土地上。據統計，在1,744套住宅中就有810個游泳池。巨大的土地壓力使得市鎮

停止不了其城市化進程，而城市化過程中必須建立集中的治污區域。因此，治污政策要與土地實際情況和規劃前景相結合。河流污染的問題從預防到消除污染，不再是只關乎淨水設施，或者只關乎瞭解很多科學知識，或者是獲取更多科學技術（從19世紀末開始）和法律知識的爭論了，而是從政治、經濟、生態和法律等各方面的綜合性考量的探討。

通過半個多世紀的治理，羅納河口省各支流的水質得到了非常有效的改善，而且各個支流流域的市鎮地區的排污治理的管理也更為科學，不僅促進了當地生態環境的恢復，同時也促進了城市化的發展。漁業旅、遊業也隨之發展了起來。

### 3.3 羅納河口省支流流域環境的變遷

#### 3.3.1 土地污染大大緩解

此前未遵循統一標準的分散的污水處理點分佈在各個市鎮，生活污水在沒有進行有統一標準約束的情況下有效處理，就排放到附近的河流或地下水層；並且隨著農副業的發展，豬糞仍被人們以傳統的方式直接倒入糞坑或地坑中，嚴重污染了土地、影響了土質。而隨著相對統一的標準在各地的建立，淨水技術的推廣和提高，污水處理站得到統一管理和監督，在統一標準下排放的生活及工業用水極大地緩解了土地污染的情況。

#### 3.3.2 支流水質的改善

支流水質以前的污染嚴重，通過生活污水集中處理、工業污水提高處理技術、並由企業支付治污費用，給支流治理提供了一定的經濟支持，這些措施都使得支流水質有了非常明顯的改善。

隨著污水處理的規範化，當地居民環保意識日益加強，羅納河省各支流的生態環境得到了很好的恢復。魚類種類和數目都增多了，但有些小型水電站仍對魚類活動有些許影響。

## 3.4 羅納河口省支流流域管理舉措

在羅納河口省支流流域管理的具體措施中，不僅有法律的保障，也有各級流域管理機構和地方行政部門的協作，更有當地居民及相關企業的共同參與。

### 3.4.1 多級流域管理機構協作

在羅納河口省，有羅納河流域管理委員會與羅納河水管局作為流域級別的管理機構進行部署管理。並有流域水資源開發與管理總體規劃（SDAGE）和子流域水資源開發與管理計劃（SAGE）為法律保障，促進了國家與流域級別的多級合作體制。除了有國家層面的流域管理機構外，羅納河流域管理委員會與羅納河水管局，以及羅納河省政府相互合作，並與各支流的子流域管理委員會配合，共同制訂並執行羅納河開發管理的規劃。法國羅納河水管局綜合開發羅納河的水能資源，發展航運和灌溉，實現了水的良性循環，促進了流域經濟和社會的繁榮發展。

### 3.4.2 流域管理機構與開發企業的密切合作和有機互助

從羅納河口省支流流域管理的案例可以看出，羅納河的開發權早在20世紀30年代就由法國政府授予了國立羅納河公司。該公司於1933年5月成立。1934年6月該公司獲得了對羅納河全流域進行統一的規劃、開發、經營的權利，但由於其後不久二戰的爆發而被迫中斷，到1947年才開始了大規模的開發治理。國立羅納河公司是一個半公半私的股份公司，吸納了官方、企業和民間的資本，大股東60萬股，小股東1股，共240萬股，包括法國電力公司、法國鐵路公司、羅納河地方財政和官方財政、法蘭西島（巴黎大區）地方財政、羅納河—萊茵河沿岸有關地區、羅納河—萊茵河沿岸的地方財政和官方財政。而羅納河公司並不孤立行事，而是與各流域管理機構共同協作。

比如羅納河水電與生態恢復的十年計劃工程的主要目標

是：①水流量的增加；②生態群的恢復；③河岸的保護；④地貌景觀的改善維護。羅納河流域管理委員會負責制定該流域的發展規劃目標並制定預算，羅納河流域水務局、國立羅納河公司和羅納河口省的省政府共同協作完成目標，並共同從中受益。又比如羅納河口省的支流保護，則更具體到每個子流域委員會制定的子流域規劃目標。羅納河公司通過建立20個梯級低水頭水電站，不僅有助於公共部門對羅納河流域的有效管理，治理了洪澇災害、疏通了河道、灌溉了兩岸的農田、改善了沿河的生態環境，並通過水電站持續的發電，獲得了持續不斷的經濟效益。同時，由於羅納河修建水利工程占用耕地，為了彌補農民的損失，公司與國家政府達成協議，與國家農業部簽訂協議，給予被占耕地農民相應的補償和幫助，不僅承擔了灌溉工程，還補償了占地損失，修建了道路，並且其灌溉的面積遠遠超過所占用的面積。另外，國立羅納河公司還給相關地區修建了發達的公路網，促進了這些地區的農業發展。

3.4.3 注重水資源保護和節約用水的意識

和許多發達國家一樣，法國的自來水也是直飲水，因為法國不僅重視流域的水質保護，而且為了保證飲用水的質量，從取水處取水到作為生活或工業廢水排放到河流中的過程當中，法國的監管部門在每個步驟中都嚴格檢測，並制定了符合歐盟要求的用水標準。比如在法國，所有人口數超過2,000人的市鎮必須設置一個污水處理廠，計量用水在法國也早已形成制度化，用戶的節水意識日益增強，城市的污水處理目前已達到95%以上。上文也提到，法國的法律也規定所有超過2,000人口的市鎮居民點都必須有一個污水處理站，而且必須以統一的標準建造和改善污水處理站的設備，嚴禁居民聚集點的污水不經過統一處理隨意排放，並且通過國家技術部門的工程師的技術支持，保證污水處理的技術高標準，處理的污水嚴格達到規定的標準，最後才能排放到河流，以保證用水安全。對於不嚴格遵守規定的，會根據法律進行不同程度的處罰。根據歐共體

1991 年的一項規定及 1992 年法國的《水法》，由於法國對污水處理的重視，法國河流等水體受污染程度較小，水質標準高，水生態環境相當優良。

## 4. 經驗教訓

從上文中，我們可以發現，里昂作為羅納河和索恩河河畔重要的城市，對於流經本市的河段的管理逐步進行，最終取得了良好的效果。里昂段的河流和其他河流一樣，也經歷了洪水泛濫、污染嚴重、流域功能單一、生態環境惡化的歷史時期。然而，在法國政府和里昂市政府的共同努力下，不僅避免了洪水泛濫，還通過低頭水壩的修建以及水力發電，有了穩定的經濟效益，河岸景觀也隨之有了較大的改善。羅納河口省作為支流眾多、情況較為複雜的省，通過國家水法及其他相關法律法規的保障，多級流域管理機構的共同協作規劃管理，以及與民營的河流開發公司的合作，改善了該省境內羅納河支流的水質和生態環境，並通過嚴格執行污水處理及排放標準，用法律約束排水企業；同時，政府收取一定的污水處理的費用，保證了各支流不被生活廢水和工業廢水污染，逐漸改善了水質，優化了環境。這兩個案例中有一些經驗可供中國借鑑：

### 4.1 法律保障

法國水資源管理的主要法律是《水法》。目前採用的《水法》是 1992 年 1 月頒布的。《水法》主要包括現行的立法、水的所有制、水資源管理和保護、水利工程的立法、保護區和保護地的立法、政府對水務的管理和制度、專門和自治的水資源開發機構、水資源財政和經濟方面的立法、水法的執行和管理等內容。水法對國家、流域、地方政府用戶及水公司等所從事的水資源規劃、水資源開發利用、污水處理及水資源保護等

一切水事活動均有較為詳細的法律條文。

《水法》的四原則分別是：一是水資源管理必須進行綜合管理，並堅持可持續發展的原則；二是以流域為單位進行管理，各流域水資源開發管理規劃由流域委員會制訂；三是水資源開發管理等各項水政策的實施要求各層次的有關用戶共同協商和積極參與；四是要採用經濟手段管理水資源，即誰用水誰付費，誰污染誰交錢。

國家相關的水政策，通過各大區區長、各省省長、各市市長的命令、法規和行政通報加以貫徹執行，對違反者給予懲罰，懲罰辦法包括恢復原狀、罰款、拘留等。

法律保障了各個流域機構進行流域管理時沒有阻力，並使權責分明，在執行各級規劃時也有法律保障得以順利進行，而不會出現互相推諉或權力真空的現象。

### 4.2 多級流域管理機構體制

法國設立了國家級、流域級和子流域三級管理機構體制。精簡了管水機構，將行政權和財政權合理設置，在避免壟斷的同時也保證了水利工程資金的來源。國家級的水資源管理機構為國家水務委員會，其主席由法國總理任命，成員包括來自用水戶和各協會、地方當局、國家政府和議會的代表們，以及相關專家和各流域委員會的主席等。但該機構並不具體負責流域管理，只提供國家層面的建議、諮詢與引導作用。流域級的水資源管理機構是流域委員會和水管局。流域委員會成員由各級地方政府代表（40%）、用水戶與協會代表（40%）和國家代表（20%）組成，以實現各方利益的平衡，其主席通過選舉產生。流域委員會擬定流域水資源開發與管理總體規劃（SDAGE），提交議會批准，並跟蹤該規劃的實施情況。流域水資源開發與管理總體規劃（SDAGE）以6年為一個週期，對流域水資源管理進行總體部署，並設定目標。流域水資源開發與管理總體規劃（SDAGE）具有法律效力，任何涉及水管理的行政

決策都必須符合該規劃的要求。流域委員會根據流域水資源開發與管理總體規劃（SDAGE）提出的目標，給出用水費和排污費的建議，經議會批准後，由水管局徵收。水管局財務獨立，有自己的財政收入。

水管局由其董事會管理，董事會成員由地方政府代表、用水戶代表、國家政府代表（遵循「三三制」原則）以及水管局職工代表組成。除職工代表外，其他代表均由流域委員會內部選舉產生，而董事長及水管局主任則由政府指派任命。水管局董事會每 6 年進行一次換屆，內部員工是終身制。水務局通過向用戶徵稅為公共事業籌措資金，這些用戶或引起污染，或是用水者，如居民、工廠主或者農業工作者。流域水務局的預算完全基於兩種稅收，徵稅來源於水質惡化、水質污染、過度取水、水消費。所以，流域水務局的財政不依賴於國家任何形式的資金注入。

在子流域層面成立子流域水務委員會，其中地方政府代表占半數，用水戶代表和國家政府代表各占 1/4。子流域水務委員會負責擬定與流域水資源開發和管理總體規劃（SDAGE）相適應的子流域水資源開發與管理計劃（SAGE），該計劃也具有行政法規性質。子流域計劃明確各項目標的具體要求（比如用水量控制與水資源和水生態保護等），並根據當地情況，制訂一系列具體的行動計劃。

不僅在流域層面有與大型流域開發公司合作，而且在地方的市鎮也與私營公司展開了靈活的合作。水的供給與污水的處理由市政廳負責，其中有國家與民營企業共同合作的形式，如羅納河的開發與治理就是由國家與國立羅納河公司共同合作完成的。另外，有一種形式是將供水與污水處理工程項目租賃給私營公司，或特別轉讓給私營公司。後者負責籌建和實施工程，並由其自行營運，租賃和轉讓均屬於由國家政府部門與私營公司簽訂合同讓其代理管理，合同期滿後，私營公司將經營權還給政府。由於法國在水資源開發利用及污水處理過程中採

用了市場運作的方式，遵從了「誰污染誰付費，誰用水誰付費」的原則，如今法國的運行模式經過時間證明，已經取得了巨大的成功。通過這些企業不僅獲得了一定的經濟效益，從而為流域的開發治理提供了大量的資金，而且增強了個人節約用水的意識；同時，企業不會隨意亂排污水，並將其產生的工業廢水治理合乎標準後再排放，保護了流域生態，降低了流域水質的治理和改善費用。法國的這種市場經濟槓桿在流域管理中起到了重要的作用。而中國常常有企業隨意排放工業廢水，造成河流嚴重污染，極度破壞當地流域地區生態環境的案例發生，這點非常值得思考和借鑑。

從以上不難看出，不同的機構具有不同的作用，加強協調可以獲得更好的管理環境。代表國家政府利益的流域管理機構和開發公司在不同的合作模式和案例中均達到了雙贏的效果。

地區公共部門與流域管理部門共同協作，通過流域水資源開發與管理總體規劃（SDAGE）和子流域水資源開發與管理計劃（SAGE）均具有法規性質，地區公共部門必須嚴格執行和遵守規劃。這種通過流域級別的規劃管理，地區公共部門共同協作的模式使得流域管理變得高效，並將項目規劃和經濟保障有機結合，既在規劃時間內對水費、排污費和治理費用有了安排，同時也有效地促進了社會經濟的發展。

以長江為例，中國政府可以考慮，除了長江水利委員會以外，設立長江各重要支流的流域管理機構，通過長江水利委員會制訂流域管理的總體規劃，各支流配合制訂子流域管理規劃方案，並通過《水法》規定這兩級流域管理機構制訂的規劃均具備法律效力，各流域所在政府必須積極配合規劃的執行和實施。實現流域與地區經濟共同發展。

在流域開發方面，羅納河通過授權給國立羅納河公司開發和管理，羅納河公司與里昂市政廳也就里昂市河段的開發、維護與管理進行了相關合作。這與現今中國的流域管理方式有所不同，中國總體上流域管理的權力、職責和義務的分配不明

晰，比如各流域的水利工程的建設、維護和運行由國家水利部及下屬機構或單位負責，而污水排放和處理又由環境保護部管理，城市生活用水和工業用水又由住房和城鄉建設部負責，這使得流域管理交叉，權責不清，相互推諉和管理真空的現象經常出現。因此，中國的流域機構急需建立半公半私的流域開發公司，既打破了壟斷，又分清了權責、明確了職能，又能協調流域管理的各個機構。

### 4.3 民眾參與機制

法國民眾一方面通過選舉用水戶代表作為流域委員會成員，直接對流域管理政策和措施產生影響；另一方面，民眾可通過公眾諮詢環節就流域規劃、水價調節和大型涉水項目提出意見。這保障了民眾的利益，讓用水者提出與切身利益相關的水資源管理建議，讓水管理政策更貼近民眾。

法國以自然流域為對象的三級規劃模式實現了流域的有序管理。流域規劃確定的項目經費預算與取水費及排污費等計劃收取額度之間有機結合，並嚴格實行預算管理，實現了項目規劃與資金保障的有機結合。

在具體措施方面，中國仍需發展的領域有：建立針對各大流域的流域管理委員會（現在只設立了長江水利委員會和黃河水利委員會），並相應建立子流域管理委員會，將流域管理的分權機制完善。另外，需要加強民眾參與水資源管理政策的制定和建議。最重要的一點在於，通過流域管理委員會，制定相應的財務政策，防止地方政府的強權干預，與流域開發公司合作，達到「以河養河，以河治河」的目的。

### 4.4 城市化進程與污染

法國在經歷快速的城市化進程當中，主要發展城市化的外省承受了巨大的壓力，羅納河口省在法國發展的黃金 30 年期間，環境保護是非常滯後的，生態環境污染嚴重，因為這 30

年的主要任務是經濟和工業的發展，經濟利益高於環保意義，環保在此時是被忽略和遺忘的，該省也在環境保護上付出了巨大的代價。

目前中國的流域生態也不太樂觀，然而對於中國宏大的城市化目標，這似乎只是剛剛開始。羅納河口省在經濟騰飛的30年獲得了經濟收益。然而由於住宅分散、污水處理技術不統一、標準未被嚴格執行等原因，流域地區付出了環境惡化的代價。正如中國在改革開放以來，經濟發展迅速，在2014—2015年，甚至成為全球GDP第二的經濟體，而目前中國的空氣和水資源的污染極其嚴重，霧霾成為人們揮之不去的噩夢，中國的地下水和一些河流也被嚴重污染。隨著未來越來越多的人湧入城市，越來越多的鄉鎮發展成城市，這會給各個流域地區帶來巨大的用水壓力，並對所在地區的環境產生威脅。

羅納河口省幾十年前的情況便是中國的前車之鑒。如何在城市化發展的進程中，緩解流域地區的用水和環境壓力，統一各流域污水排放標準並嚴格執行，不用環境的惡化換取經濟的發展，這是未來中國需要部署和實現的願景。

# 第六章

# 美國除壩的案例研究

# 1. 美國除壩運動概況

20世紀是美國建壩的黃金時期，各種大大小小的水壩得以建立，以支持電力供應、減少洪水災害、改善導航、靜水灌溉、城市供水。據統計，美國全國大壩數量約有82,000座，其大型水壩數量僅次於中國，列世界第二。這些水壩在防洪、供水、發電、航運、娛樂方面發揮作用。

## 1.1 除壩運動概述

如果說20世紀是美國建壩的黃金時期，那麼21世紀則是美國拆壩的高峰時期。現在，美國也是走在拆壩運動最前列的國家，不僅拆壩的數量最多，而且在拆壩影響以及拆壩技術等的研究方面也是全球領先。

1900年以來，美國已確認拆除了638座水壩，1999—2003年年底前共拆壩168座（汪秀麗、董耀華，2006）。總部設在華盛頓特區的環保組織——「美國河流」於2004年7月21日發布的報告中稱，2004年年底約有60座大壩被拆除。這60座拆除的水壩以修築在支流、溪流上的年代已久，喪失功能的廢壩、棄壩為主，因為經濟或安全原因而被拆除。

拆壩運動的重要里程碑發生在2001年10月，即威斯康辛州的巴拉博河（Baraboo）上的一系列水壩被拆除。2011年9月，美國推出了至今為止最大規模的水壩拆除計劃，該計劃耗資3.25億美元，旨在拆除艾爾華河（Elwha River）和葛萊恩斯峽谷（Greer Burns Canyon）上的水壩，並希望恢復奧林匹克半島曾經龐大的鮭魚種群。到2020年年底，美國85%的水壩將很接近它們運作的終點。

「我們經歷了20世紀90年代初期和中期的建壩大潮之後意識到，『啊，原來我們修這些大壩付出了這麼大的代價』」，

環保組織美國河流組織女發言人艾米·柯伯爾（Amy Koper）表示。

其實，除壩與建壩問題一直伴隨存在，哪怕在美國建壩黃金時期，美國也有不少人或團體在呼籲除壩，或反對建壩。但1920—1994期間，美國政府對拆除水壩保持沉默態度，很少出抬政策指導如何拆除水壩。關於拆除水壩的規定於1999年第一次面世。相應地，立法也開始關注水壩建設，如《瀕危物種法案》（Endangered Species Act）、《潔淨水法案》（Clean Water Act）。因法律法規而導致拆壩問題的屢見不鮮，比如，2001年2月，美國一州地方法院發現，美國陸軍工兵部（U.S. Army Corps of Engineers）對俄勒岡州（Oregon）下蛇河壩（Lower Snake River Dam）的管理違反了《潔淨水法案》，因為這些水壩使俄勒岡州水質未達到規定標準。如果環境法規繼續嚴格闡釋，那麼越來越多的水壩可能會被拆除。

### 1.2 美國除壩原因概述

首先，水壩使用壽命有限，水壩會因庫區泥沙沉積喪失功能或者結構變得不健全。此外，技術革新也可能使水壩在經濟上喪失可行性，尤其是那些用於水力發電的水壩。1940—1970年，老化的小型水力發電水壩的維修費和營運費超過了它們帶來的經濟效益（Gulliver and Arndt，1991）。

其次，越來越多的大壩因環境問題被拆除，這也是近幾十年來很多科學政策、社會政策、環境政策改變的結果。因為水壩對河流生態系統產生了巨大負面影響，這些負面影響包括水質變差、導致河道沉積物改變和河道形態改變、對河流水生生態和沿岸生態產生了負面影響、可能威脅到瀕危物種，很多水壩則違反了聯邦環境法規，比如《潔淨水法案》和《瀕危物種法案》等。

水壩阻擋水流，形成人工環境，河流的滯止環境使水溫升高，氧氣供應減少，往往影響水質。一些水壩還使用調節工具

降低或抬高蓄水區的水位，更影響了水流和水生生物。水壩阻擋了洄游性魚類的通道，還影響了其他依賴暢通河流和河岸通道的生物。泥沙到達下游河段是生態河流的一個重要功能，但水壩會阻擋泥沙搬運，使泥沙不能輸送到下游河段。總而言之，水壩破壞了河流生態系統的結構和功能。

近年來，經濟、安全和環境原因在拆壩決策過程中交織在一起。比如，不再產生經濟效益或存在安全隱患的大壩很有可能受到環保行動主義或組織的關注，艾爾華大壩（Elwha Dam）即是如此；為恢復生態系統所拆大壩也可能會帶來經濟效益，馬蒂利加大壩即是如此（沿海企業可能會受益於海灘恢復）；康迪特大壩（Condit Dam）的環境保護和安全設施要求苛刻，甚至導致水壩重新申請執照的費用（經濟學）嚴重不足，最後促使水壩被拆。

## 2. 水壩拆除後生態恢復案例——以威斯康辛州（Wisconsin）為例

水壩拆除會對生態環境造成很大影響，觀測地理和生態系統在除壩後的恢復情況對其他水壩拆除決策有借鑑意義，所以本節將綜述威斯康辛州水壩拆除後生態恢復的一系列研究。以威斯康辛州為例，是因為該州有很多水壩被拆除，而且有學者對該州水壩拆除後生態恢復進行了研究。

### 2.1 河岸植被

水壩拆除後，庫區以前淤積的泥沙顯露出來，河流下游因泥沙轉移和沉積而形成新的沉積物層。沙夫羅斯等人（Shafroth et al, 2002）提出，水壩拆除後上游和下游可能發生的幾種植被變化情況。在蓄水初期，植被往往以叢生雜草為主，這些雜草生長迅速，種子產量高，並且能夠有效地繁殖傳

播。最終，入侵植物會被之後的演替物種所取代。然而，和大壩拆除的許多方面一樣，很少有研究介紹大壩拆除後植被的移植或演替。

為了檢測水壩拆除給植被帶來的影響，奧爾（Orr，2000）調查測量了威斯康辛州的多個地方，而不再是延續一直以來只跟進一個地方的做法，這些都是水壩拆除具有代表性的地方。他對13個先前的蓄水點進行了調查，這些地方可以代表剛拆水壩1年到已拆30年的情況。奧爾發現，即使在大壩剛剛拆除的地方，植被也會迅速恢復，裸露的沉積層幾乎不可再見。最新拆壩地的植被組成不同於近期和較早拆壩地點，其植被通常以草類和早期演替的非禾本草植物為主，沿岸樹木只有在大壩拆除30年後才比較常見。然而，早期拆壩地點不同於新近拆壩地，一個物種繁殖發展代替另一物種的可預測模式表現得並不明顯。大壩拆除後的第一個十年內，各個地點的物種多樣性也有很大區別。在有些地方，頗具侵略性物種占絕對的主導地位，而有些地方則也會有其他物種存在。較早拆除水壩的地方生物多樣性都較多。

基於調查結果，奧爾提出了水壩拆除後植被恢復的建議，這些建議對當地來說極具地理生態意義。其一，水壩拆除後沉積層不宜較長時間裸露在外。這也表明大壩拆除後，泥沙侵蝕土地的程度有限，泥沙侵蝕會由於河道改變而適時地受限在河道兩岸及河床範圍內。其二，植物群落可能隨著時間的推移繼續發展，而不是終止在演替的早期階段。而勒哈特（Lenhart，2000）認為，在歷史水位高度、高營養沉積物的累積方面，外來入侵物種（如草蘆、草羊茅）可以減緩甚至中止植物的演替。

先前蓄水池中的植被群落對河道的穩定性有著重要意義。如果河岸植被是樹木，則長時間內河岸系統會比以草為主的植被群落更穩定。多伊勒等人（Doyle et al，2003）通過對河岸穩定性的研究表明，在河岸正常穩定條件下，有植被的河道比

無植被覆蓋的河道切面深至少 20%。越穩定的河岸越可以減少河道長期侵蝕和遷移，從而減少泥沙向下游輸移。

## 2.2 魚類

所有與大壩、大壩拆除的流域生態相關屬性中，魚類最具有代表性。眾所周知，水壩會影響魚群分佈，特別是溯河性魚類的分佈。恢復和增加魚類種群數目是支持大壩拆除最常見的觀點，因為拆壩後，魚群因此能越過曾經的壩址遷移。例如，緬因州肯納貝克河（Kennebec River in Maine）上的愛德華（Edwards）大壩拆除後，壩址上游出現了條紋鱸魚、灰西鯡、鯡魚、大西洋鮭魚、鱘魚，這表明了大壩拆除後生態環境得到了很好的恢復。但是，大壩拆除後魚類種群如何快速恢復，以及大壩拆除對溯河性魚類物種恢復的作用很大程度上仍不可知。

威斯康辛州密爾沃基河（Milwaukee River）上的沃倫米爾斯（Woolen Mills）大壩拆除後，卡勒等（Kanehl et al, 1997）記錄了水壩拆除對魚類群落的影響。大壩建在距河口上游 106 千米處，從 19 世紀初開始建造，主體結構於 1919 年完成。大壩高 4.3 米，延續到上游 2.3 千米，總蓄水 27 公頃。大壩於 1988 年拆除，而蓄水池經歷了從 1979—1988 年的長時間放水過程。大壩拆除後，通過種植植物和堆積石頭，原蓄水池上的沉積物穩定下來，1989 年河道進行了修整，以提高小口黑鱸的質量。

卡勒等在沃倫米爾斯大壩附近建立了五個研究區域，每個約 1 千米範圍。這五個研究區域分別是：①一個延伸到大壩下游 1.25 千米處；②一個延伸到大壩上游 1 千米處，但仍然在蓄水池範圍內；③一個延伸到蓄水池上游端 1.3 千米處；④一個延伸到蓄水池上游 1 千米處；⑤一個延伸到米窪克（Milwaukee）河以北附近的 1.2 千米處。他們每年在這五個研究區域做一次抽樣調查，定量評估棲息物種和棲息地特徵（如淺

灘的出現、魚群分佈），以及魚群的相對豐度和規模結構。抽樣結果常被用來估計魚類物種，特別是小口黑鱸的生存狀況和數量，量化栖息地質量。根據魚類綜合數據和威斯康辛州河流的生物完整性指數，就可以評估區域的物種完整性。

　　卡勒等的研究發現，沃倫米爾斯大壩拆除導致了蓄水點地理形態的迅速變化，包括沉積物顆粒的增大，河道深泓線變深和魚群分佈變廣。漸漸地，原蓄水區成了魚群偏好的栖息地。大壩拆除後，魚類種群發生明顯變化。在蓄水點，鯉魚這個普遍存在且破壞性強的非本地物種數目大減，而小口黑鱸數目卻有增加。有趣的是，從大壩拆除到小口黑鱸數目恢復有近 3 年的時間間隔，而大壩拆除對鯉魚的影響卻立竿見影。總之，魚類種群所展現的生物完整性指數在大壩拆除後緩慢上升，逐漸接近卻未達到參考值。大壩拆除後，上游魚類種群恢復是可以預見的，部分原因是大壩拆除意味著掃除了魚類遷徙的障礙。

　　然而，在沃倫米爾斯（Woolen Mills）大壩案例中，大壩拆除之前，小口黑鱸在大壩上游和下游都有出現，但蓄水池中沒有，那是因栖息地的限制而非遷徙限制。小口黑鱸種群恢復所需的地理形態的變化（如栖息地的變化）並沒有嚴重影響物種的遷移。這可能導致了大壩拆除和小口黑鱸恢復的長時間間隔。在沃倫米爾斯（Woolen Mills）大壩案例中，地理形態迅速變化，且與其他壩址區別甚大，這是因為耐侵蝕的水庫淤沙在水壩拆除後需要更長時間來修整。因而，地理形態的變化對於魚類種群的恢復是必要的，地貌恢復率支配著魚類種群的潛在恢復率。

　　在較大的河流系統，栖息地恢復與障礙掃除的影響區分相當困難。在哥倫比亞（Columbia）蛇河（Snake River）的模擬系統中，卡瑞瓦等人（Kareiva et al, 2000）的研究表明，大鱗大馬哈魚種群的恢復不單單是大壩拆除的作用，而栖息地的恢復是其種群恢復的重要因素，栖息地恢復包括流域恢復和河道的恢復。總的來看，大壩拆除後，建壩前魚群的恢復很大程

度上取決於是否遷移或棲息地。若受限於棲息地，地理形態變化會支配其恢復率；若受限於遷移，地理形態的作用就比較有限。

## 2.3 大型無脊椎動物

大型無脊椎動物在河流食物鏈中發揮著核心作用，它有利於收集並評估水質和河流生物棲息環境指標，因此受到了研究人員和管理者的大量關注。它們有相對流動性且與河床基質有直接聯繫，這意味著大型無脊椎動物種群能反應當地河流數月的物理和化學環境變化。為了分析威斯康辛州巴拉布河的變化速度，以及河內大型無脊椎動物群聚結構與棲息地的變化關系，史丹利等（Stanley et al, 2002）研究了兩座水壩拆除後大型無脊椎動物種群的恢復情況。

巴拉布河的坡度小（坡度：0.0002），進入威斯康辛州中南部的流域面積約1,700平方千米，其海拔總共變高了46米。在7千米以內，河流梯度達到14米，歷史上稱之為巴拉布急流，該河流是慢速度細基質的流域，但這個棲息地是獨特的快速度和粗基質。1929年，三座小型水壩在這7千米以內得以修建。然而，1997—2001年期間，這三座水壩被拆除。2000年1月，第二座水壩拆除前後，史丹利等（Stanley et al, 2002）觀察了這三座水壩的橫截面，在巴拉布河的6個河段收集了一些底棲大型無脊椎動物的樣本：一些來自於上游參考河段，一些來自於被拆水壩的上下游河段，剩下的來自於下游遠處非蓄水區和蓄水區連續河段。

拆壩會減少原先蓄水區處的橫截面積，這是因為水流速度增加了。儘管其他河段的河道形態沒有變化，水庫淤積物切開了河道。水流把松散的沉積物從蓄水河段衝到了下游河段。2005年6月的一場洪水（拆壩後5個月）通過原先蓄水區，把泥沙從原先壩址河流下游河段輸送得更遠了，河道就更寬了。拆壩之後的一年，原先蓄水河段的大型無脊椎動物群聚與

上游參考河段和下游無蓄水區河段的群聚相比無明顯差別。不管河段有無蓄水區，與自然河流相比，所有的無蓄水區河段都存在大型無脊椎動物群聚。

坎得勒等（Kandhl et al, 1997）的研究表明，巴拉布河裡的大型無脊椎動物群聚結構與魚類相似，其結構取決於棲息地的可用性。鑒於它們的相對流動性和生命週期短，大型無脊椎動物群聚拆壩後變化明顯，而其變化受限制於拆壩後的地貌調整速度。巴拉布河地貌變化是因為水壩的存在，以及水壩拆除5個月後，洪水加大了拆壩後的地貌調整速度，且也增加了棲息地的恢復速度。值得注意的是，這次研究的時間範圍比自然干擾的典型研究時間更長（5年），典型研究工作的時間跨度一般是一兩年。然而，水壩拆除後，無脊椎動物的恢復時間與以前研究中的恢復時間相一致。

## 2.4 貝類

在美國尤其是美國中西部，貝類是瀕危水生生物之一。蓄水區對貝類繁殖、貝類群落組成、貝類生存有一定負面影響，同洄遊性魚類種群一樣，水壩拆除可以改善貝類的生存環境。

為了能夠初步瞭解拆壩對貝類的潛在影響，瑟泰等人（Sethi et al, 2004）研究了科十科農河（Koshkonong River）上的羅克代爾壩（Rockdale River）的拆除影響，對原先蓄水區和下游內的貝類做了調查。在原先水庫區域內，拆壩後貝類因水分少和暴曬的死亡率非常高（達95%）。2000年秋，0.5千米寬水壩下游河床裡的貝類密度是3.80±0.56貝類/平方米，拆壩後的2003年夏，減少到了2.60±0.48貝類/平方米。貝類中的稀有物種誇德茹拉（Quadrula Ppustulosa）在這段時間幾乎完全滅絕。水庫下游的懸浮沉積物濃度總是高於水庫上游，庫區內泥沙的搬運和沉積著影響下游貝類的死亡率。

總之，水壩拆除導致了河流的物理變化（河水表面積減少、泥沙被衝積到下游），也導致了庫區內和下游貝類密度明

顯變小。而且，因為水壩拆除後新形成的河道內沒有貝類，所以與魚類和大型無脊椎動物恢復速度相比，貝類恢復速度較慢。在新形成的棲息地中，貝類的存在需要下游或上游的其他種群一直存在，因為貝類是長壽且生長緩慢的生物。其他生物種群可以作為貝類的繁殖體來源，比如貝類幼體需要附在魚類背上，由魚類把它們攜帶到新地方。因此，水壩拆除後，地貌在貝類種群動態管理中扮演多個角色。如果拆壩導致大量貝類死亡，貝類的長期恢復可能會很慢，並且難以與地貌調整聯繫起來。

### 2.5 養分動態

河流的根本性生態變化很小，但具有代謝活性的水生附著生物（藻類、細菌，以及其他相關微生物）的生長通常與流域的營養存留相關。水生附著生物通常在河流養分攝取上起著重要作用，同時也是河流的基礎能源，影響著許多食物鏈。水生附著生物在河流生態系統中十分重要，而對於威斯康辛州和美國其他中西部河流而言，養分的保留是另一個重要問題。因為這些河流大多處於營養飽和狀態，極大地影響了當地淡水生態與下游海洋系統。

變化中的河槽形態對營養滯留或水生附著生物幾乎沒有影響。2002年，史丹利（Stanley）和多伊勒（Doyle）開發了一個概念框架，以預測與水壩拆除相關的養分輸出與存留。雖沒有給出定量預測，但多伊勒等（Doyle et al, 2003）在探索動態河槽形態和營養存留間的潛在關系時，使用拆壩前後數據和仿真建模，檢測了克什克隆（Koshkonong）大壩拆除後的相關區域（如上所述）可溶性活性磷（SRP）的含量。五個時間段代表五種不同地貌條件，仿真模擬假設了穩定狀態下的營養吸收參數，流入養分濃度為0.15毫克/升，流出養分濃度為2.7毫克/升，得出的結果與2000年11月份的可溶性活性磷（SRP）含量相接近。他們還研究了流出養分濃度高達5.7毫

克/升時的養分存留狀況。

克什克隆（Koshkonong）河流拉克戴爾（Rockdale）壩的拆除導致上游河流侵蝕河床，河床形成離散切頭形態。隨著季節性逆流的出現，水壩下游切頭的河槽形態變化特別明顯。水壩拆除11個月後，水壩下游切頭大約位於大壩上游400米處。這一地點的流通面積仍然相對較大，而水壩下游的流通面積則大大降低。最終通過減少流通面積才能達到整個水壩區域的平衡狀況。

在模擬結果中，水壩拆除前的狀態代表著大壩在上游回水方面仍可以起作用（A階段）。而水壩拆除後狀態是指水壩已拆除但在儲水區未發生任何地貌變化（B階段）。水壩拆除後的8~11個月是地理形態變化的過渡時期。此時，水庫淤沙被迅速侵蝕，水壩下游河道也剛剛形成（階段D和階段E）。最後達到長期平衡狀況（F階段），水壩上游的河槽橫斷面（大壩上游的4,180米）會和水壩的基底形成均勻斜坡。

模擬的可溶性活性磷（SRP）的濃度表明，水壩的回水大大增強了營養的留存，自由流水進入水庫時會降低下游的營養濃度。在蓄水池後的500米處，營養滯留最為嚴重，此處水流量最緩，極易導致營養物質的滯留。大壩的拆除和蓄水池較低處狹窄河道的形成相關，導致水流速度大大加快，降低了營養物質滯留的可能性。然而，在大壩上游切頭，蓄水池不受拆壩影響，所以營養存留情況與水壩存留時相似，最終的平衡狀況是營養狀況略有下降但繼續累積。這些模擬結果表明，水壩拆除造成河槽變化，會導致河流營養累積模式的變化。

地理形態對營養保留有類似的控製作用，水壩對河流生態系統有諸多不利影響，但有利於河流的營養存留（Stanley & Doyle，2002）。因美國中西部河流富集氮、磷，所以這點顯得尤其重要。另外，其他研究表明，河道寬度在控制營養留存（Alexander et al，2000）和水生附著生物動態（Dent & Henry，1999）方面影響巨大。模擬結果顯示，河道形態的變化會影

響養分留存，因此河流生態系統性能維持在最基本的營養水平。許多生態模型模擬的自然背景在時間、空間上都一成不變，這種建模方法對瞭解生態開發過程無疑是必要的，但這種模擬沒有考慮到可能的變化因素，會導致忽略地理形態和生態演變過程之間的重要聯繫。研究表明，地貌和生態環境在控制河流生態系統過程方面相互作用，也就是說，生態學家和地貌學家在研究河流生態系統時需要積極合作。

## 2.6 管理啟示

威斯康辛州的各種拆壩案例表明，水壩拆除會影響河流生態系統的多個營養級，並且在每種情況下，生態變化和地貌變化息息相關。通過水壩拆除的地貌反應級別、頻率、機制的預測，研究者也能預測水壩拆除的生態反應。

有些河流的地貌和河流生態系統功能在拆壩前就被擾亂了，在恢復這些被擾亂的功能方面，水壩拆除則創造了非常重要的機會，因為拆壩能迅速逆轉水壩造成的累積影響。拆壩後，有的環境恢復也許幾年或幾十年都不明顯，其原因在於生態系統的差異性。其實，決策者必須考慮拆壩會對特定生態系統屬性造成不可彌補的破壞作用。

拆壩的負效應最小化，物理和生態系統恢復速度最大化，這是拆壩管理部門的目標。管理部門的主要目標是辨別易受拆壩干擾的物種或類群，並減輕拆壩對他們的潛在影響，當然這可能會增加水壩的拆除成本。由於河道形態和河道調整牽制著河流生態系統的後續屬性，管理部門應把重心放在拆壩後的物理恢復速度最大化上。

最後，管理部門應著重強調設立可行的拆壩目標。考慮到缺乏對拆壩周邊環境的透澈認識，因此並不是所有大壩都應拆除。

# 3. 水壩拆除法規與管理規定——以新澤西州為例

新澤西州多數水壩坐落於沼澤和濕地地區，或位於由河流衝積平原組成的廣闊河谷地區。新澤西州約有 1,700 座水壩，大多數超過了它們的使用年限。這些水壩妨礙居民的生活、阻止洄遊魚類和水生生物的移動，導致河水水質變差；水壩還隔離了河流生物種群，限制了他們回到棲息地的重要通道，導致當地種群大大減少。由於這些或其他原因，一些利益相關者聯合提議拆除許多水壩。

新澤西州就拆壩制定了一系列規章制度以約束和管理拆壩和河流修復工程。這些規章制度涉及水壩安全、水土流失、泥沙控制、濕地保護和洪水控制等。

## 3.1 《水壩安全標準》

《水壩安全標準》是安全拆除水壩的指南。《水壩安全標準》包含幾個條例，當申請人力求拆壩時，美國水壩安全和防洪局（The Dam Safety and Flood Control Office）根據這些條例進行審查。這些條例可以歸納為以下幾個方面：

沉積物管理：拆壩申請人必須提供一種穩定湖底的方法（比如沉積物和基本材料）。

排水：拆壩申請者需要確定對蓄水庫脫水的方法及其脫水率（比如排水），此方法要確保不能對下游有負面影響；蓄水庫脫水必須在人為控制下完成；再有，控制脫水也須確保在最開始排放任何沉積物時限制其排放量。

通知所有拆壩工程的利益相關者，這是廣泛討論拆壩最常見的途徑。這些問題包括對水壩、湖或庫區的個人所有權和社會所有權，供水的潛在問題（比如地下井），財產影響，歷史

性問題等。與庫區有關人員密切合作至關重要，這是為了尊重民眾利益；另外，其他成本（比如維修、洪水泛濫、相關責任）也需要核算清楚。

拆壩對環境產生的影響：拆壩申請人必須對拆壩產生的所有環境影響進行評估，不管是正面影響還是負面影響。

拆壩對下游產生的生命財產影響：拆壩申請人必須對拆壩產生的所有生命財產安全的影響進行評估，不管是正面影響還是負面影響；評估包括洪水復發間隔，比如 10 年、50 年和 100 年風暴可能增加下游洪水的暴發率。

若沒有這樣的指南，拆壩結果可能會與拆壩初衷相悖。因此，必須要強制監管對拆壩環境影響的評估。

## 3.2 淡水濕地保護法規

為保護敏感的自然資源，特別是淡水濕地和國家開放水域（SOW），避免各類監管活動導致的不良影響，制定了淡水濕地保護法規。

為充分保護這些資源，29 個「一般許可」被建立，從而使監管的不良影響被控制在最小限度。如果沒有達到 29 個「一般許可」中的任何一項參數，該工程需要獲得「特殊許可」。對濕地或國家開放水域的影響超過「一般許可」的臨界值，或提議的項目並不適用於任何「通用許可證」時，就需要「個人許可」。一般來說，當對敏感自然資源的影響難以避免時，適用「個人許可」。

大多數有效的「一般許可」（29 個中的 20 個）面向住宅和商業開發頒發。只有 5 個有效的「一般許可」適用於濕地或國家開放水域，其他 4 個有效的「一般許可」不適合於這兩種類別。任何淡水濕地、濕地緩衝區或沿海濕地內的活動必須符合「國家公開水域規定」，否則需要事先由新澤西州環境

保護局（New Jersey Department of Environmental Protection，NJDEP）授權。

新澤西州內的淡水濕地也被定為普通資源價值（沒有緩衝區）、中級資源價值（50英尺的緩衝區）或特殊資源價值（150英尺的緩衝區），國家開放水域不需要緩衝區。普通資源價值類濕地通常小於5,000平方英尺，四周通常是開發用地，包括排水溝渠、窪地、建在高地的拘留設施。

### 3.3 洪水災害區域防洪法規

新澤西州環境保護局制定的這一法規也稱《洪水災害法案》，其目的是「減少河流和潮汐洪水危險區域內洪水造成的生命和財產損失，保持表層水的質量，保護已有野生動物賴以生存的食物，以及棲息地動物和植被。」新澤西州所有的水域均屬於「洪險區法案」管轄。以下幾種情況例外：①人造運河；②由1970年濕地法案管轄的沿海濕地；③任何排水量不到50英畝，或沒有可辨別河道的水域，僅限於現有人工輸水建築物或沒有通道或管道連接的管轄監管水域。聯邦住房管理局（Federal Housing Administration）圍繞兩個基本特徵建立監管洪水風險區和河岸區。洪險區是指所有排水面積多於50英畝的監管水域，河岸區是指無論排水面積大小的所有管轄水域，大西洋、海灣、雨水管理流域或潟湖和堰洲島除外。

在絕大多數情況下，洪水災害地區由洪水邊緣和分洪道組成。洪險區法規規定了這些地區可以做什麼和不能做什麼。分洪道中大部分活動是被限制的，禁止填充分洪河道，填充洪水邊緣也是有限制的。

洪險區和河岸區內所有活動由以下三種許可監管：法定許可、一般許可和個人許可。大多數活動由個人許可管轄，一些活動也需要向有關部門申請「特殊許可」，「特殊許可」適用於所有超出法規監管範圍的活動。河流重建和河岸加固這類工程通常需要申請「特殊許可」，因為河岸區超越管理限制，且

大多數河流重建工程需要建設在河岸區。

土壤侵蝕和沉積控制法案（Soil Erosion and Sedimentation Control，SESC）調節干擾土地面積超過 5,000 平方英尺的項目。除了獨棟住宅建設，其他都在管理範圍內。土壤侵蝕和沉積控制法案規定的干擾活動包括：「土壤的清理、挖掘、存儲、分級、填充或運輸，或任何其他使土壤受到侵蝕危險的活動。」

### 3.4 高地水保護和規劃法規

高地水保護和規劃法規（HWPPA）規定了環境標準，相關部門依照該法規審查所有申請，因為多數高地發展都被計劃在高原地帶的保護區域。區域總體規劃（RMP）強調了保護自然和風景資源的主要內容，包括但不局限於森林、濕地、河流走廊、陡坡、地表水和地下水質量以及至關重要的動植物栖息地。高地分為兩個區域——保護區和規劃區。保護區內任何發展項目都要在工作開展前經由「高地適用性」（HAD）確認或者「高地保護區」（HPAA）批准。

高地保護區現有兩類「一般許可」：一般許可1——栖息地創建和增強活動；一般許可2——河岸加固，由栖息地重建、增強或創建來驅動。在保護區或規劃區的所有高地公開水域（包括濕地），都必須有300英尺的緩衝區，這些緩衝區只有在規劃區域類別2的水域中才能被削減至最低值150英尺。

### 3.5 水壩拆除前後的監測指南

監測是河流恢復進程的關鍵步驟，不僅可以確保特定拆壩項目的恰當管理，並且可以為其他拆壩提供經驗。儘管闡述監測方法的文件眾多，但緬因灣海洋環境委員會編寫了一本尤為重要的手冊——《河流的障礙與拆壩指南》(Stream Barrier and Removal Guide)，這本手冊提供了監測拆壩前後各項恢復活動的指南，為沉積物搬運、河道形態、魚類通道、大型無脊椎動物、

水質、河岸植被種群恢復提供了評定方法。

### 3.6 可能導致的問題

相比於美國的其他州，新澤西州的法規對環境資源最具保護作用，但這些法規也可能會適得其反，不利於資源保護。例如，水壩安全標準要求，湖床基質必須加固，並沒有提到水壩內核和基質質量與數量。根據淡水濕地保護法規（FWPA），新澤西州環境保護局要求水壩擁有者執行並記錄覆蓋湖底的保護性措施，旨在使河流走廊及相關濕地恢復到自然狀態。目前，水壩擁有者對拆壩後的湖底狀態唯一要確保的是，湖底必須處於穩定狀態。這種方法對湖底和河流非常不利，而且會導致一系列危及長期穩定的問題，以免湖底被入侵物種占領。更重要的是，湖底可能失去恢復的機會。為了成功地加固並恢復河岸走廊，拆除堤壩後的河流需要及時進行生態恢復。

### 3.7 弗倫坎普（Fullenkamp）拆壩許可申請案例

由於新澤西州環境保護局的許多法規之間交疊的特性，拆壩和河流恢復工程通常需要不同部門的多項許可，項目審批變得複雜。所以，獲得拆壩許可過程通常比較長。以下案例是關於獲取許可過程中所遇到的問題。

新澤西州莫里斯郡的哈丁鎮（Harding town, Morris county, New Jersey）上，一位地主提議拆除一座私有的五英尺高的水壩，這座失修水壩形成了一個小的後院池塘。因沒有獲得任何資助款項，所有者與普林斯頓公司（Princeton）合作進行了拆壩設計。普林斯頓水電部門（Princeton Hydroelectric）向新澤西州環境保護局提交了一份水壩修復申請。以下是審查和頒布「一般許可」的時間表：

- 2009 年 5 月 15 日，申請分配新澤西州環境保護局項目經理歷時 82 天；
- 2009 年 8 月 5 日，申請的技術評審開始歷時 100 天；

● 2009 年 11 月 13 日，申請的技術評審完成歷時 122 天；

● 2010 年 3 月 15 日，新澤西州環境保護局的「一般許可」頒布，從提交申請至審批頒布共經過了 304 天。

2009 年 11 月 13 日技術評審完成後，12 月 16 日拆除方收到一封新澤西州環境保護局發來的回復郵件，進一步諮詢有關申請的信息；同一天，拆除方通過郵件回復了新澤西州環境保護局的問題。2009 年 12 月 24 日，新澤西州環境保護局又提出一連串問題，2010 年 1 月 6 日普林斯頓水電去信回應。經過無數次電子郵件詢問過後，2010 年 2 月 17 日，也就是回復信息 42 天後，新澤西州環境保護局再次給予郵件回應。在來信中，新澤西州環境保護局稱他們已經瞭解了所有需要的信息，並且會「盡量在一週內給出答復」。21 天過去了，新澤西州環境保護局沒有任何回應。2010 年 3 月 10 日，拆除方再次給新澤西州環境保護局發送了一封郵件，諮詢審批進展，或者要求正式見面，以討論審批遲遲未公布的原因。2010 年 3 月 15 日，審批終於公布。根據有關規定，「一般許可」申請的平均審核時間是 65 天，而這個項目在分配給項目經理 304 天後才得以獲批。

這次水壩拆除有利於保護財產、恢復鯰魚小溪，並且能為瀕危木紋龜提供額外的遊行走廊。儘管這項擬議工程能產生這麼多的環境效益，新澤西州環境保護局仍然不能及時回復，究竟哪一部法規適用於這項工程，相關部門內部長時間也不能達成一致。事實上，新澤西州環境保護局認為，拆壩後創建的新河道會導致對河岸加固許可（GP-20）和《洪水災害法案》個人許可的申請需求。既然擬議的工程是拆除大壩，它就應由《水壩安全標準》管轄。《水壩安全標準》強調物理結構，而淡水濕地保護法規提出，「不得永久擾亂任何濕地、過渡區域或者國家開放水域，但因拆壩在國家公開水域或淡水濕地排水不視為永久擾亂。」

項目經理最初就提出要求新建河道在河流恢復通流前應覆蓋草木，且需要一個生長季進行加固。然而，意外的複雜情況

出現了，草皮護坡是對付雨水侵蝕和沉積控制的常見方法，但對常流河恢復不適用。這項工程反應出新澤西州環境保護局項目經理需要掌握豐富的河流流程和恢復知識，以指導拆壩和河流恢復工程，從而避免類似問題的出現。

目前，大多數與河流恢復和加固有關的審批是為土地開發項目而設計，缺乏對河流生態和河流系統的關注，這導致評審期限的延長；誤解、誤用現存法規也容易使有利於環境的拆除項目複雜化。招聘和培訓具有這類專業知識的人有利於提高項目申請效率，也有利於提高全州拆壩與河流恢復工程的質量。

## 4. 水壩拆除責任分解途徑——以克拉馬斯河（Klamath River）拆壩為例

### 4.1 克拉馬斯河流域簡介

克拉馬斯河從俄勒岡州克拉馬斯湖泊上游湖口流出，這個湖口海拔約4,100英尺。該河在西南方向約260英里處的加利福尼亞州的瑞卡（Requa）處流入太平洋。克拉馬斯湖泊很淺，是一個受監管的天然湖泊。它的蓄水量可以灌溉克拉馬斯流域內約24萬英畝的土地。在這些可灌溉的土地中，約21萬英畝土地歸克拉馬斯項目管理。克拉馬斯項目由1902年的復墾法案提議，1905年5月15日由內政部長授權，歸聯邦政府擁有。美國墾務局負責這個克拉馬斯項目，它在俄勒岡州的中南部（62%）和加利福尼亞州的中北部（38%）的可灌溉地區內實施。克拉馬斯河在鐵門水壩（Iron Gate Dam）處分為上游流域和下游流域，有3個大型支流流入克拉馬斯河下游，即斯科特河（Scott River）、鮭魚河（Salmon River）以及特瑞呢特河（Trinity Rivers）。

克拉馬斯河周圍鮭魚魚類的處境極為危險。為了保護這些

鮭魚魚類，2009年《克拉馬斯水電解決方案》(Klamath Hydroelectric Settlement Agreement，KHSA) 得以簽訂。太平洋電力公司 (PacifiCorp) 將會對旗下位於克拉馬斯河上的四座水壩 (J. C. Boyle，Cop co No. 1，Cop co No. 2，Iron Gate) 進行評估，然後拆除。這項協議詳細說明了其評估和拆除事項，以及相關的資金支出。協議規定，加利福尼亞州和俄勒岡州最多提供 4.5 億美元，以拆除這四座水壩。

在克拉馬斯河流域的上游，太平洋電力公司通過「2082 項目」，擁有數個水電站。這些水電站執照具有 50 年有效期，從 2006 年 3 月起生效。此後，聯邦能源管理委員會 (Federal Energy Regulatory Commission，FERC) 頒發了年度許可證，太平洋電力公司負責營運。這四座水壩位於克拉馬斯河主幹河流，阻擋了魚類通道，改變了主幹河流的河道，直接影響了鮭魚漁場的經營。通過「2082 項目」，拆壩工程許可證得以重新頒發，該項目明確了多個利益相關者（個人、團體、部落、漁場經營者、環保組織）的職責。拆壩是為瞭解決克拉馬斯河下游魚類減少的問題，並恢復受鐵門水壩和基諾水壩 (Keno Dam) 影響的栖息地。在向聯邦能源管理委員會提交的申請書中，太平洋公司提議，只要與以前營運方式一致，克拉馬斯河上的這四座水壩可以繼續營運，但申請書中並沒有關於解決鐵門水壩上游溯河性魚類通道的提議。

2007 年 1 月，美國商務部 (the U. S. Department of Commerce) 和美國內政部 (the U. S. Department of the Interior) 向聯邦能源管理委員會提交了若干申請要求，包括：在四個水壩設備處設置魚類通道、極力限制水流洪峰、斜坡休整以及旁通河水流量。聯邦能源管理委員會估計，這些強制性要求可能會使「2082 項目」的年度淨收入損失 2,000 萬美元，因此，聯邦能源管理委員會並沒有同意這些強制性的要求。

## 4.2 克拉馬斯水電解決方案

對加利福尼亞州、俄勒岡州和太平洋電力公司而言，《克拉馬斯水電解決方案》能分解拆壩責任。該方案明確了 50 多個與拆壩相關的責任，涉及政府機關和克拉馬斯河流域內的組織、部落、商人以及環保組織。

《克拉馬斯河流流域恢復協議》包括內容：①內政部需對環境進行評估，並判定拆壩是否有助於鮭魚魚類的恢復，判定拆壩是否對公眾、部落和當地社區有利；②4.5 億美元拆壩花費上限中，俄勒岡州提供 2 億美元，加利福尼亞州提供 2.5 億美元；③嚴格限定太平洋電力公司和聯邦政府的拆壩責任；④賠償太平洋公司對水壩的淨投資額；⑤尋求替代水力發電的方法；⑥把基諾水壩所有權和營運權轉交美國內政部；⑦拆壩時間預計在 2020 年，2020 年前，水壩營運由太平洋公司負責；選派合法、有經濟和技術能力的拆壩公司，內政部將監管該公司的施工過程。

《克拉馬斯河流域恢復協議》為恢復天然漁場，為克拉馬斯河流域的農業、社區和國家野生動物保護區提供可用水提供了保障。

## 4.3 大型水壩拆除責任的確定及其成本

2008 年，在克拉馬斯水電解決方案簽訂之前，德累瑟和麥基有限公司（Camp Dresser & McKee Inc., CDM）與美國墾務局簽訂協議，為美國內政部做了一項研究，題目為《克拉馬斯河四座水電站壩的退役和拆除》（Evaluation and Determination of Potential Liability Associated with the Decommissioning and Removal of Four Hydroelectric Dams on the Klamath River）。這個研究評估了這四座水壩拆除的潛在經濟責任和法律責任，其目的是告知美國內政部或其他部門這些潛在經濟責任和法律責任，而這些責任有可能由拆壩公司承擔。

这次研究全面、综合地列出了潜在的经济责任、法律责任以及相关费用，这三类责任都因克拉马斯河上四座水坝的退役和拆除而产生。在这次研究中，「责任」被定义为水坝退役产生的直接成本，或者水坝退役会导致赔偿以及可能被诉讼的间接成本。

表 6-1 列出了这项研究中确定的一些重要责任，这些重要责任可能影响到拆坝成本。

表 6-1　　克拉马斯水坝拆除责任及其费用

| 应负责的问题 | 2008 年的花费 | 克拉马斯水电解决方案提供的解决办法 |
| --- | --- | --- |
| 在拆坝期间降低对水生生物的影响 |  | 拆坝方的直接成本 |
| 可再生电源的流失及其替代方案 | 6,500 万美元 | 允许太平洋电子公司通过电价和电税向俄勒冈州与加利福尼亚州 PUCs 索要替换能源所需的费用，但并不保证可再生电源的替代方案，并且目前 PUCs 并未和克拉马斯水电解决方案签约。 |
| 最高责任与费用估计 | 4.11 亿美元 | 克拉马斯水电解决方案规定拆坝费用上限为 4.5 亿美元 |

## 4.4　不能量化的责任

上述 2008 年研究确定的一些责任仍不能量化，而这些责任可能增加拆坝成本。这些非数量化责任往往与监管拆坝过程中的不确定因素有关。比如，拆坝公司没有确定下来，或者资源部门和监管部门对此没有进行正式讨论或协商。而这些负责允许拆坝的组织和机构需要遵循濒危物种法案与水质法。下面将列出三项非数量化责任，以便更好地理解并尽可能降低各项责任的风险。这三项责任是：①基诺水坝将来的营运责任；②水坝退役期间需遵守《清洁水法案》（Clear Water Act,

CWA）；③水壩退役後，需防止魚類疾病發生。

（1）基諾水壩將來的營運責任。在評估魚類通道和水質達標後，克拉馬斯水電解決方案提議把基諾水壩轉由美國內政部負責。加利福尼亞州北海岸區的水質控制局（NCRWQCB）和美國環境保護署（USEPA）創建了每日最大負載量（Total Daily Maximum Loads，TMDLs）項目，於2010年12月31日觀測了克拉馬斯河水的溫度、溶解氧、養分和微囊藻素。是否滿足以上每日最大負載量的這些條件和其他水質標準，很大程度上取決於依沃納湖和克拉馬斯上游湖。依沃納湖（常稱之為基諾水壩）中的水由靈克湖（Link River）和克拉馬斯上游湖中的水注入，基諾水壩開閘的放水與否決定於其流量，它是克拉馬斯河的源頭。依沃納湖和克拉馬斯上游湖的水質歷來很差。此外，朔遊性魚類通道的恢復需要基諾水壩退役，也需要監視基諾水壩上游的三條主要供水河道。依沃納湖的水位需要保持不變，以促使河水能分流到這些供水河道中，這些河道對克拉馬斯項目內的農場供給至關重要。

遵守這些水質法需要承擔相應的責任和費用，這是需要太平洋電力公司和美國內政部進一步討論協商的問題，也需要資源部門和監管部門的合作，以對基諾水壩和上游水庫的管理進行討論。

（2）水壩退役期間需遵守《清潔水法案》。要想實施水壩退役工程，就需要對水質進行認證。該認證將會確保所提議的水壩退役工程符合州和聯邦的水質標準。具體來說，水壩退役需要符合加利福尼亞州北海岸區的水質控制局（NCRWQCB）所制訂的流域計劃，即把克拉馬斯河內的泥沙輸送到太平洋。目前，加利福尼亞州水資源保護局（SWRCB）的流域計劃限制了輸沙量，以防止不利影響。加利福尼亞州的海洋計劃禁止泥沙輸入到有特殊生態意義的區域（ASBS），這些泥沙被輸送到指定的太平洋克拉馬斯河河口。加利福尼亞州水資源保護局（SWRCB）與NCRWQCB合作，以確保水壩退役期間和退役後

的泥沙輸送條件，從而保護克拉馬斯河系統的其他功能。這些條件將直接影響到水庫泥沙的管理成本和水壩拆除過程。

（3）水壩退役後，需防止魚類疾病發生。克拉馬斯河出現了魚類疾病，而水溫升高是 2002 年魚類死亡事件的主要原因，這個事件估計導致 3.3 萬條洄遊鮭魚的死亡。水壩拆除可以改變魚類疾病發生的環境條件，但是目前科學界並不認同這種方法。水壩退役也可能會引起魚類疾病，若要避免大量魚類死亡事件，就需要漁場資源部實施魚類洄遊措施。

## 4.5 小結

克拉馬斯水電解決方案設立的研究項目，是為了對 2008 年 CDM 研究確定的拆壩責任進行分析；為了太平洋電力公司旗下四座水壩的退役，克拉馬斯水電解決方案還設計了一個融資策略，提供了 4.5 億美元的成本上限。

克拉馬斯水電解決方案也制訂了「詳細計劃」（Detailed Plan）內容，計劃在 2012 年 3 月 31 日前完成水壩拆除工程。基於這個「詳細計劃」，美國內政部才能決定水壩是否拆除。一些未能確定費用的重要責任將在「詳細計劃」予以解決。比如，拆壩期間和拆壩後皆須遵循《清潔水法案》，怎樣防止魚類疾病的發生。在俄勒岡州和加利福尼亞州提供的項目費用上限內，要解決這些問題，需要加利福尼亞州、俄勒岡州和聯邦政府有關資源部門與監管機構的共同合作，使這些責任或問題盡量最小化。並且，若拆壩工程出現意外情況，且影響到了克拉馬斯河的生態系統和克拉馬斯河大部分社區賴以生存的水源，這些組織和機構需要提供相應賠償。

## 5. 水壩拆除前後的數據調查與監測——以布朗斯維爾水壩（Brownsville Dam）拆除為例

### 5.1 水壩概況

布朗斯維爾水壩是一座小型水壩（壩高因季節不同在1.8~2.4米之間浮動），位於俄勒岡州西部卡拉蒲亞（Calapooia）河上。卡拉蒲亞河流域面積有950平方千米，而布朗斯維爾水壩位於卡拉蒲亞河中部，即布朗斯維爾小鎮的上方。卡拉蒲亞河流域上游是一個中度坡度適集水區（河道坡度在0.44%~1.94%之間），主要被私人林地覆蓋，現在變成了中低坡度較寬的山澗，主要是農業用地和人口密度小的城鎮用地。卡拉蒲亞河的所有洪峰和年徑流量的90%都發生於每年5~10月期間。

布朗斯維爾水壩始建於19世紀80年代，是一座多孔混凝土水壩，當時是為保護當地毛紡廠和用於夏季分洪而建的；為了引水渠的美觀，布朗斯維爾水壩重建於20世紀60年代。這座水壩寬33.5米，會使卡拉蒲亞河在高流量季節（5~10月）水位升高1.8米。該壩在夏季會安裝移動水閘，蓄水時，水庫水位會升至3.4米的最高紀錄。當水閘在高流量季節打開時，河水會流入這座水壩。在沉積物填滿水庫後，水庫裡的水和礫石推移質會流過水壩，從而毀壞水壩。

2007年，布朗斯維爾水壩被拆除，消除了可能的災害風險。這座水壩的拆除很大程度上使魚類洄遊通道得以暢通。這條河冬季的硬頭鱒（虹鱒）和春季的大鱗大馬哈魚都被《瀕危物種法案》列為瀕危物種。這些季節性魚類會通過卡拉蒲亞河段洄遊到流域上游，產卵並定居。儘管沿著布朗斯維爾水壩的右壩肩建了一個魚梯，但它並不是在所有流量季節都有

用，而且阻礙了鮭魚洄遊。在布朗斯維爾水壩下游的12英里處，卡拉蒲亞河被另一個毛紡廠分成兩部分，河水流量的60%被引到所多瑪溝渠（Sodom Channel）裡。由於所多瑪水壩（Sodom Dam）阻擋了魚類洄遊，它於2011年夏季被拆除。

### 5.2 拆壩前後的調查和數據收集

在拆壩前，凱布勒等（Kibler et al，2001）採集了卡拉蒲亞河的河道形態和河內棲息地的數據，然後這座水壩在夏末被拆除。在蓄水庫河段（水壩上游的0~400米）、水壩下游河段（0~1,600米），以及水壩上游的控制河段（長650米，在水庫上游的1,600米）這三處，研究者用Nikon DTM-352全站儀，研究了河道橫截面、縱截面、混凝土邊緣和橫截面。

研究者從河床表面和河底收集了大量泥沙樣本，並對其進行分析。在所研究的河段中，研究者測算了沙洲淺灘裡的卵石含量。在水壩下游河段，研究者用4處淺灘和5處沙洲作為實驗區；在水庫河段和河流上游控制河段，研究者皆用了2處淺灘和2處沙洲作為實驗區。

研究者採用的是《俄勒岡州魚類和野生動物》（ODFW）提供的方法，比如，目測底層基質成分，以查找河道急流、淺灘、水池等單元類型的特點，發現了水生環境的特徵，並建立了河川流量測量站。該測量站每隔15分鐘記錄一次每個水位的數據，而且，能根據流量測定法對各時段流量進行測量，這個河川流量測驗站還提供了水位和流量的比率曲線。

根據河流上游控制河段的數據，研究者實施了一個名為「干涉—控制前後」的試驗，用於檢測下游河段河道基質的變化、沉積物的容量變化，以及河道單元的類型和數量。

### 5.3 拆壩後預測和調查結果的基線評估

基線調查表明，布朗斯維爾水壩（0~400米）下方的河道是一條蜿蜒曲折的平面床河道，河底的物質以黏土為主

（通道基板的 31±2%），因此很少有物質會沉積於此。水壩下游更遠的地方，河道變得寬闊，沒有邊界限制，研究者採用高動態歷史架空式攝影，這樣河谷底線位置和河道寬度就在不斷地變化，就好比河道的面積、沉積物特徵及位置也在變化一樣。在水庫沉積物中，最先流動的那些沉積物會很快出現在彎曲平面床的下游。施工後不久，水庫被碎石填滿了，並且超出了河床的負荷量。所以，隨著沉積下來的物質越來越多，最終水壩不堪重負。

布朗斯維爾水壩下游約 400 米地區內河道呈現不同形態，河道有 0.08% 的坡度降低。在布朗斯維爾水庫主要區域內，計算出的（D50 = 59±1.5 毫米）顆粒剪應力比臨界剪應力低一些。這些都表明，該河道可能就是物質最初沉積下來的地點。在水壩下游的 400 米外，河道坡度增加了 0.33%，輸送沙礫的河道底部存有微型沉積物。因此，研究者找到了布朗斯維爾水壩下游 400 米內的沉積河段 DA-S 河段，水庫的沉積物可能就在這個河段裡暫時停留。布朗斯維爾水壩下游的監測河段裡還能找到其他物質，這些物質與微型沉積物相類似。

DS-A 河段關於表層沉積物主要式樣的基線數據顯示，表層物質最好是粗沙礫顆粒，且大小適中。並且，在 DA-S 河段中，小於 4 毫米的微小物質數量比水庫裡的沉積物式樣要大些。因此，水庫裡最粗的沙礫會在 DS-A 河段沉積下來，河道內的河床基質大小從最開始就會增大。卡拉蒲亞河道不能與泛濫平原相連，而且沒有水池。所以，流出的沉積物在河道邊緣停留，便形成了沙洲。拆壩後的觀察結果如下：

在拆壩後的那年洪水季節，高流量季節的水流量沒有超過每年 1.2 的間隔流量。然而，在拆壩後的第二年，流域上許多水利工程供給的流量都超過了河道流量。

中型基質的顆粒大小。在拆壩後的第一年，研究者觀察到，最接近水壩的沙洲和沙灘上的中型沙礫量增加了。沙洲上中型沙礫的增加表明，河流下游的流向變得模糊不清了，而水

壩拆除使最接近水壩的沙洲上中型沙礫量在拆壩那年增加了600%。最下游的兩個沙洲上中型沙礫量增加得不多，分別為13%和15%，距離水壩最遠的沙洲增加了22%。然而，在離水壩最近的沙灘上，中型沙礫的變化最大，在下游沙灘上，中型沙礫卻消失了。

拆壩後的兩年，水壩下游的沙洲和沙灘上的中型沙礫量上一年有所增加，而最靠近水壩的河流區域反而恢復到了拆壩前的狀態。離水壩較遠的下游兩個沙灘上，中型沙礫量在拆壩後並未增加。在上游控制河段的沙洲和沙灘上，中型沙礫量的自然變化率比河水裡的中型沙礫更高。因此，在 DA-S 河段，壩址上 150 米處中型沙礫的變化可能例外，水壩下游中型顆粒的變化在年際變化之間。這是卡拉蒲亞河拆壩後可觀察到的特徵之一。

微細物質所占百分比。拆壩一年後，在所有河段，包括上游控制河段的沙灘和沙洲上，小於 4 毫米的微細物質大量減少。拆壩兩年後，沙洲上的微細物質數量會恢復到接近拆壩前的狀態。在最靠近水壩的沙洲上，微細物質的百分比較拆壩前低很多。相反，沙灘上的微細物質比拆壩前少些，除了最下游處沙灘，這片沙灘上的微細物質增加顯著。

基質大小等級的構成。DS-A 河段的基質多數由拆壩前硬黏土層演變而來，而從拆壩後的那年開始，便由沙礫和卵石組成。拆壩兩年後，沙礫成為基質的主要組成部分。在 DS-B 河段，儘管泥沙和礫石所占百分比增加了一點，卵石和黏土卻少些了，但是基質組成成分變化很小。上游控制河段拆壩後，含水量少的沙地沙礫量有所增加，下游河段也是如此。然而，礫石和黏土層在上游控制河段的百分比一直未變。

沙洲地區和容量。DS-A 河段沙洲在拆壩前後的一年間增加了 120 英里，增加了 700 個百分點。同樣地，DS-A 河段的沙洲容量在拆壩後的第一年增加了 6~96 倍。拆壩後的兩年內，DS-A 河段的沙洲區域和容量與拆壩後第一年的情況相似

（變化在測量誤差內）。相反，拆壩後的第一年，DS-BDE 河段的沙洲面積有所變化，而沙洲容量實際上在測量誤差範圍內沒有任何變化。與上游控制河段的對比分析表明，沙洲面積變化小，而其容量沒變。拆壩後的第一年，DS-A 河段的沙洲面積和流量變化超出了參數不定性的範圍，而在上游控制河段，沙洲面積及容量則有所變化。因此，在拆壩後的一年，DS-A 河段的沙洲面積和容量有所增加，且至少在拆壩兩年後會持續增加。

河道的地形單元。在拆壩前，與 DS-B 河段和上游控制河段相比，DS-A 河段的河道形態相對簡單，沒有沉積物和淺灘小池。如果把半數河道標為變化的河道單元，那麼，拆壩之後的第一年，DS-A 河段的河道單元總數增加了 3~5 個。這表明，一個或兩個新沙灘小池會在此形成，而小池長度占了河道長度的 73%。相比之下，在同一時期，上游控制河段的河道單元從 11 降到了 10，而 DS-A 河段的河道單元從 15 降到 13。拆壩兩年後，DS-A 河段的河道單元總數從 5 降為 3，儘管水壩有一部分仍保留著，但新沙灘和小池在拆壩後的第一年就已經形成。在 DS-B 河段，河道的變化單元在拆壩兩年後也減少了：拆壩兩年後，DS-B 河段的河道單元的長度從 43% 降到了 16%；而被定義為沙灘的河道，長度從 20% 增加到 28%，小池長度從 32% 增加到了 56%。

拆壩一年後可以觀察到：水壩正下方河段沙洲和沙灘上的中型顆粒會有所增加，這種現象在下游遠處並沒有出現。儘管泥沙樣本為水壩正下方的顆粒變化提供了明顯證據，但下游遠處的變化在年際變化範圍內。拆壩一年後，水壩下方和上游控制河段河床的細泥沙急遽減少。因為水壩上游河段和水壩下游河段相似，所以下游河段的變化不能歸結於拆壩帶來的影響。

水壩拆除後，DS-A 河段水生棲息地變得更複雜了。從有著平坦河床、少量沉積物的河道過渡到更複雜的結構，比如沙灘、小池，以及很多沙洲，水壩正下方的河道形態在拆壩後變

得更異樣化了。

康多爾夫和沃爾曼（Kondolf & Wolman，1993）對鮭魚類首選的產卵礫石進行了多元分析。他們發現：虹鱒更喜歡在 31~46 毫米大的中型礫石上產卵，而大鱗大麻哈魚喜歡在 16~54 毫米大的中型礫石上產卵。拆壩後的第一年，距離水壩最近的下游灘上，中型礫石大小會有所增加，這個礫石型號大於虹鱒和大鱗大麻哈魚喜歡產卵的礫石型號。

觀察顯示，在產卵礫石的大小方面，布朗斯維爾水壩並未破壞產卵礫石棲息地的質量。基質從硬黏土質轉變為礫石和卵石基質，表明新的產卵地可能增加，而這種轉變對於水壩下游河段的棲息地數量變化具有重大生態意義。在整個拆壩過程研究中，雖然沒有監測水溫，但是淺水庫的拆除、黏土基質到礫石和卵石基質的轉變，以及小池的形成都表明：地表水和基質（尤其是新沉積下來的沙洲和溫熱地區的形成）間的水溫更易變化，但與拆壩前相比，拆壩帶來的溫熱環境對冷水鮭魚類有利。

研究者還認為，以下情況可供拆壩決策參考：

拆壩時間。如果水庫填滿了泥沙，水庫會在拆壩前輸送推移質，而水壩下河段沉積物不會匱乏。在基本徑流時期和水庫排水期間，水庫沉積物可能會被輸送到水壩下的河段。在這種情況下，水壩會積滿粗泥沙，而第一次洪流也許不能運走水庫內全部物質。所以，在高流量季節的不同時間拆壩的話，拆壩和水庫沉積物移除的所耗時間會有所不同。比如，雖然位於俄勒岡州桑迪河（Sandy River）上的馬爾莫水壩（Malmo Dam）在 7 月拆除，但拆除圍堰和疏浚水庫泥沙卻在那年的第一次洪流後才開始，這也是在基本徑流季節時間範圍內。

最初的泥沙輸送。當水庫泥沙流到下游河道時，水庫基質就會以顆粒狀分佈。拆壩後，河道的即時反應主要為：河道變淺；河底地貌可變性變小；沉積物脈衝出現時，河道總流量受時間影響更小。水庫沉積物首先沉積到小池裡（如果有的話），或者沿著河道邊緣形成沉積容物。相對於河內沉積物，

沉積物質的容量和結構將會促使基質形成和河道形態模式的改變，並且可以控制拆壩後可能出現的即時變化率。

沉積物輸送的位置和時間。拆壩前，沉積物脈衝運動、水庫沉積物和下游現存基質的相對顆粒大小、合適的泥沙沉積地點、沉積量和沉積時間都應精確預測出來。由粗物質組成的沉積物脈衝多數會被分散和侵蝕，而不是被輸送到下游。因此，小型水庫被非黏性物質填滿時，這種小水庫可能位於水壩下游河段。隨著時間的推移和下游距離的增加，拆壩結果可檢測性增大，甚至水壩一拆除就會檢測出來。當沉積物脈衝腐爛後，拆壩的影響範圍會擴大，但其影響程度會降低。當水壩在拆壩前把推移質排出時，距水壩最近的下游河段所受影響微不足道。因此，當定義明確的影響範圍和影響程度可以檢測出來時，沉積物脈衝會像上述那樣變化。然而，當定義明確的影響範圍和程度不能檢測出來時，沉積物脈衝需要通過評估河床形態和河道組織形態來預測其演變。

河道的複雜化。在小水壩排出粗泥沙不久，河內生物栖息地會開始變得複雜化。隨著時空的演變，沉積物容量的多少會造成沉積率和衝刷度的細微差別，這可能會增加河段下方和河段範圍內水陸栖息地的異質性。當續流對沉積物質重新起作用以及沉積物脈衝從河段流出時，沉積物會被衝刷到小池內，沙洲、泛濫平原和河道邊緣都變成了容器。比如，卡拉蒲亞河的分流使從布朗斯維爾水壩沉積下來的泥沙形成了沙洲和沙灘。

## 5.4 小結

總之，在小型水壩拆除後，水庫排出的少量沙礫與過去對細泥沙大量排出的觀察結果截然不同，這導致下游基質持續變小，以及栖息地受到破壞。沙礫河床上的小型水壩拆除後，沉積物排出可能會對下游產生影響。

布朗斯維爾水壩拆除後的觀察結果可以證實，地貌對拆壩可能產生的反應有影響，這也為將來拆壩提供了基線數據信

息。積滿礫石的小型水壩，其下游河段形態的變化很難監測，這是因為相對於測量誤差和背景變化率，其變化程度比較小。然而，布朗斯維爾水壩拆除對下游水生棲息地沒有負面影響。在水壩的400米內，沙洲和沙灘的基質沙礫變粗，黏土基質轉變為礫石和卵石基質，沙洲面積擴大，其容量增加，沙灘和小池形成，這些沙灘和小池代替了簡單平面河床的河道。

布朗斯維爾水庫排出的礫石增加了靠近水壩的棲息地異樣性，但拆壩幾乎不影響下游遠處的河道形態。對布朗斯維爾水壩拆除工程的研究是實證取代概念模型的案例研究。當這個概念模型檢測下游河道對拆壩的反應且當最新數據可用時，概念模型可以不斷核實與修正，其結果可能影響未來關於地貌恢復的拆壩決策。

# 6. 結語：正在興起的水壩拆除科學

過去五年裡，由於經濟、生態、環境和監督等問題，水壩拆除在美國全國範圍內它已成為熱點話題。目前，美國除壩運動的影響已經擴展到全球，歐洲、北美不少發達國家都已經制定嚴格的法律，確保修建水壩不影響魚類、流域耕地、野生動物棲息地、生物多樣性的延續，這些國家對水壩建設有近乎苛刻的審核規定，基本上已經停止修建大壩。

隨著美國水壩拆除越來越多，有關拆除決策、生態恢復、拆壩後果模擬與預測等迫切需要有科學的研究。判定不同壩型水壩對河流的影響，以及預測不同河流在水壩拆除後的反應需要有更完整的科學認識，以便做出科學決策。除壩會影響甚至破壞河流生態系統，而恢復生態的完整性一定會碰到很多科學挑戰。拆壩會影響生態系統狀態及其管理，其恢復需要物理學家、地理學家、生態學家等的跨學科合作。所以，水壩拆除在美國正在形成一門新興學科。

# 參考文獻

[1] Alexander, R. B., Smith, R. A., Schwarz, G. E. Effect of Channel Size on the Delivery of Nitrogen to theGulf of Mexico [J]. Nature, 2000 (403): 758-761.

[2] Billington David P, Jackson Donald C, Melosi Martin V. The History of Large Federal Dams: Planning, Design, and Construction in the Era of Big Dams [M/OL]. Denver Colorado: U. S. Department of the Interior, Bureau of Reclamation, 2005.

[3] Billington David P, Jackson Donald C, Melosi Martin V. The History of Large Federal Dams: Planning, Design, and Construction in the Era of Big Dams [M/OL]. Denver Colorado: U. S. Department of the Interior, Bureau of Reclamation, 2005.

[4] Boyce, J. K., Shelley, B. G. Natural Asset [M]. Washington, D. C.: Island Press, 2003: 279.

[5] Dent, C. L., Henry, J. C., Modelling Nutrient−Periphyton Dynamics in Streams with Surface−Subsurface Exchange. Ecological Modelling [J]. 1999, (122): 97-116.

[6] Doyle, M. W., E. H. Stanley, J. M. Harbor, and G. S. Grant. Dam Removal in the United States: Emerging Needs for Science and Policy [J]. Transactions of the American Geophysical Union, 2003, 84 (29): 32-33.

[7] Gulliver, J. and R. E. Arndt. Hydropower Engineering Handbook [M]. McGraw-Hill, New York, 1991.

[8] HUANG Zhen-li. International coordination and management for ecological and Environmental protection on Rhine [J]. Science &Technology Review, 2000 (5).

[9] Kanehl, P. D., J. Lyons, and J. E. Nelson. Changes in the Habitat and Fish Community of the Milwaukee River, Following Removal of the Woolen Mills Dam [J]. North American Journal of Fisheries Management, 1997, (11): 387-400.

[10] Kareiva, P., M. Marvier, and M. McClure. Recovery

and Management Options for Spring/Summer Chinook Salmon in the Columbia River Basin [J]. Science, 2000 (290): 977-979.

[11] Kibler, K., Desiree Tullos, and Mathias Kondolf. Evolving Expectations of Dam Removal Outcomes: Downstream Geomorphic Effects Following Removal of a Small, Gravel-Filled Dam [J]. Journal of the American Water Resources Association, 2001 (47): 408-423.

[12] Kerstin Ramm. Innovation in Water Management on the Rhine River [J]. Express Water Resources & Hydropower Information, 2009, 30 (9): 61-62.

[13] Kondolf, G. M. and M. G. Wolman. The Sizes of Salmonid Spawning Gravels [J]. Water Resources Research, 1993, 29 (7): 2275-2285.

[14] LAWRENCE, E. B. The British experience with river pollution, 1865—1876 [J]. Christopher Hamlin Isis, 1994, 85 (4): 707-708.

[15] McCaffrey, S. The law of international water courses [M]. Oxford: Oxford University Press, 2007: 482-505.

[16] Shafroth, P. B., Friedman, J. M., Auble, G. T., Scot, M. L., Braatne, J. H. Potential Responses of Riparian Vegetation to Dam Removal [J]. Bioscience, 2002 (52): 703-712.

[17] Sethi, S. A., Selle, A. R., Doyle, M. W., Stanley, E. H., Kitchel, H. E. Response of Unionid Mussels to Dam Removal in Koshkonong Creek, Wisconsin (U. S. A.) [J]. Hydrobiologia, 2004 (525): 157-165.

[18] Stanley, E. H., M. A. Luebke, M. W. Doyle, and D. W. Marshall. Short-term Changes in Channel Form and Macroinvertebrate Communities Following Low-head Dam Removal [J]. Journal of the North American Benthological Society, 2002 (21):

172-187.

[19] Stanley, E. H., and M. W. Doyle. A Geomorphic Perspective on Nutrient Retention Following Dam Removal [J]. BioScience, 2002 (52): 693-702.

[20] U. S. Department of the Interior, Bureau of Reclamation. Parker Dam and Powerplant [EB/OL]. (2009-05-15) [2015-02-15] https://www.usbr.gov/lc/hooverdam/parkerdam.html.

[21] U. S. Department of the Interior, Bureau of Reclamation. Bureau of Reclamation-About Us [EB/OL]. (2014-09-04) [2015-02-15] http://www.usbr.gov/main/about/.

[22] U. S. Department of the Interior, Bureau of Reclamation. Glen Canyon Powerplant [EB/OL]. (2015-01-12) [2015-04-06] https://www.usbr.gov/projects/Powerplant.jsp?fac_Name=Glen%20Canyon%20Powerplant.

[23] American Rivers, Western Resource Advocates. The Hardest Working River in the West: Common-Sense Solutions for a Reliable Water Future for the Colorado River Basin. [EB/OL]. (2014-07-17) [2015-02-24] http://www.coloradoriversolutions.org/#executive-summary.

[24] U. S. Department of the Interior, Bureau of Reclamation. Central Arizona Project [EB/OL]. (2011-04-18) [2015-02-17] http://www.usbr.gov/projects/Project.jsp?proj_Name=Central+Arizona+Project.

[25] Southwick Associates. Economic Contributions of Outdoor Recreation on the Colorado River & Its Tributaries [EB/OL]. (2012-05-03) [2015-02-22] http://protectflows.com/wp-content/uploads/2012/05/Colorado-River-Recreational-Economic-Impacts-Southwick-Associates-5-3-12_2.pdf.

[26] National Research Council. Colorado River Basin Water

Management: Evaluating and Adjusting to Hydroclimatic Variability [EB/OL]. (2007-02) [2015-03-01] http://dels. nas. edu/resources/static-assets/materials-based-on-reports/reports-in-brief/colorado_ river_ management_ final. pdf.

[27] Flessa Karl W, Dettman David L, Schöne Bernd R, et al. Since the Dams: Historical Ecology of the Colorado River Delta [EB/OL]. (2001-09-11) [2015-02-19] http://www. geo. arizona. edu/ceam/Hecold/hecolcd. htm.

[28] U. S. Department of the Interior, Bureau of Reclamation. DOI WaterSMART Strategic Implementation Plan [R/OL]. (2011-03-22) [2015-02-27] http://www. usbr. gov/WaterSMART/docs/FedRegister_ WaterSMART_ Implementation_ plan_ FINAL. PDF.

[29] U. S. Department of the Interior, Bureau of Reclamation. Quality of Water Colorado River Basin Progress Report No. 22 [R/OL]. [2015-03-11] http://www. usbr. gov/uc/progact/salinity/pdfs/PR22. pdf.

[30] Merriman Dan, Janicki Anne M. Colorado's Instream Flow Program—How It Works and Why It's Good for Colorado [EB/OL]. [2015-03-03] http://ulpeis. anl. gov/documents/dpeis/references/pdfs/CWCB_ 2012. pdf.

[31] American Rivers. American's Most Endangered Rivers 2014 [EB/OL]. [2015-02-20] http://www. americanrivers. org/endangered-rivers/2014-report/upper-colorado/.

[32] Colorado Water Conservation Board. 2014 Draft of Colorado's Water Plan [R/OL]. (2014-12-03) [2015-03-08] http://coloradowaterplan. com/.

[33] 8, 90 by 20: A Call to Action for the Colorado River [EB/OL]. [2015-02-24] http://www. 90by20. org/report. pdf.

[34] International Commission for the Protection of the Rhine (ICPR). ICPR Numerical Tables [R]. 2000.

[35] BALABANIAN O. et BOUET G.. L'eau et la maîtrise de l'eau en Limousin [M]. Limoges, Editions les Monédières, 1989: 296.

[36] BRAVARD J. -P. Le risque d'inondation dans le bassin du Haut Rhône: quelques concepts revisités dans une perspective géohistorique, in Fleuves et marais, Actes du Colloque「Les fleuves ont une histoire 2」[M]. Aix-en-Provence, éditions du CTHS, 2002.

[37] BRAVARD J. -P.. Le faconnement du paysage fluvial de Lyon: choix urbanistiques et héritages de l'histoire hydro-morphologique [M]. Madrid, Boll. Ass. Geogr. Esp. (sous presse), 2004.

[38] BRAVARD J. -P.. Le Rhône du Léman à Lyon [M]. Lyon, La Manufacture, 1987: 451.

[39] LASSERRE F.. L'ALENA oblige-t-il le Canada à céder son eau aux États-Unis ?, in LASSERRE F. (dir), Transferts massifs d'eau, outil de développement ou instrument de pouvoir ? [M]. Montréal, Presses de l'Université du Québec, 2005: 463-488.

[40] LASSERRE F.. Les aménagements hydroélectriques du Québec: le renouveau des grands projets, Géocarrefour [J]. 2009: 11-18.

[41] Maurice Pardé. Le régime du Rhône, revue de géographie alpine (in French) 13 (13-3) [J]. France, 1925: 459-547.

[42] 邊沁. 道德與立法原理導論 [M]. 時殷弘, 譯. 北京: 商務印書館, 2005.

[43] E. 博登海默. 法理學——法律哲學與法律方法

[M]．鄧正來，譯．北京：中國政法大學出版社，1998.

[44] 江偉鈺，陳方林．資源環境法辭典 [M]．北京：中國法制出版社，2005.

[45] 羅爾斯頓．環境倫理學 [M]．楊湧進，譯．北京：中國社會科學出版社，2000.

[46] Martin Griffiths．歐盟水框架指令手冊 [M]．水利部國際經濟技術合作交流中心組織，譯．北京：中國水利水電出版社，2008.

[47] 韓瑞光，馬歡，袁媛．法國的水資源管理體系及其經驗借鑑 [J]．水資源管理，2012（11）．

[48] 李永強，陳紅中．萊茵河荷蘭段河道整治工程建設的啟示 [J]．人民長江，2007（11）：32-69.

[49] 劉恒，陳霽巍，胡素萍．萊茵河水污染事件回顧與啟示 [J]．中國水利，2006（7）：55-58.

[50] 劉鵬飛，王咏，蔣宏偉．從水資源保護看流域管理的必要性 [C]．中國環境保護產業發展戰略論壇論文集，2000.

[51] 沈文清，鄢幫有，劉梅影．萊茵河的前世，鄱陽湖的今生——萊茵河流域管理對鄱陽湖綜合治理的啟示 [J]．環境保護，2009（7）：68-72.

[52] 秦德君．12人如何治好萊茵河 [J]．決策，2014（12）：13.

[53] 靳建市，曹璐．水資源開發與環境保護策略分析 [J]．科技創新導報，2011（19）．

[54] 宋國君，宋宇．國家級流域水環境保護總體規劃一般模式研究 [C]∥中國環境科學學會2009年學術年會論文集（第三卷），2009.

[55] 孫海濤，夏文興．水環境污染的危害與防治 [J]．民營科技，2011（7）．

[56] 譚偉．歐盟水框架指令及其啟示 [C]∥水資源可

持續利用與水生態環境保護的法律問題研究——2008年全國環境資源法學研討會（年會）論文集，2008.

[57] 王潤，姜彤.歐洲萊茵河流域洪水行動管理計劃述評[J].水科學進展，2000，11（2）：221-226.

[58] 汪秀麗，董耀華.美國建壩與拆壩[J].水利電力科技，2006（1）：20-41.

[59] 徐中民，龍愛華.中國社會化水資源稀缺評價[J].地理學報，2004，59（6）：982-985.

[60] 楊貴善，於秀波，李恒鵬，等.流域綜合管理導論[M].北京：科學出版社，2004.

[61] 楊得瑞.不斷創新水利發展體制機制[J].中國水利，2014.

[62] 周剛炎.萊茵河流域管理的經驗和啟示[J].水利水電快報，2007，28（5）：28-31.

[63] 張聯，陳明，曾萬華.法國水資源環境管理體制[J].世界環境，2003（3）.

國家圖書館出版品預行編目(CIP)資料

國外流域管理典型案例研究 / 羅志高、劉勇、蒲瑩暉、岳宜陽、萬幸、鐵燕 等 編著. -- 第一版.
-- 臺北市：崧博出版：財經錢線文化發行, 2018.10
　　面； 公分

ISBN 978-957-735-619-2(平裝)

1.水資源管理 2.流域 3.個案研究

554.61　　　　107017338

書　名：國外流域管理典型案例研究
作　者：羅志高、劉勇、蒲瑩暉、岳宜陽、萬幸、鐵燕 等 編著
發行人：黃振庭
出版者：崧博出版事業有限公司
發行者：財經錢線文化事業有限公司
E-mail：sonbookservice@gmail.com
粉絲頁　　　　　網　址：
地　址：台北市中正區延平南路六十一號五樓一室
8F.-815, No.61, Sec. 1, Chongqing S. Rd., Zhongzheng Dist., Taipei City 100, Taiwan (R.O.C.)
電　話：(02)2370-3310　傳　真：(02) 2370-3210
總經銷：紅螞蟻圖書有限公司
地　址：台北市內湖區舊宗路二段121巷19號
電　話：02-2795-3656　　傳真：02-2795-4100　網址：
印　刷 ：京峯彩色印刷有限公司（京峰數位）

　　本書版權為西南財經大學出版社所有授權崧博出版事業有限公司獨家發行電子書及繁體書繁體版。若有其他相關權利及授權需求請與本公司聯繫。

定價：350元

發行日期：2018 年 10 月第一版

◎ 本書以POD印製發行